Jürgen Hesse
Hans Christian Schrader

Testtraining Persönlichkeit

Eignungs- und Einstellungstests
sicher bestehen

eichborn.exakt

Die Autoren

Jürgen Hesse, Jg. 1951, Diplom-Psychologe im Büro für Berufsstrategie, Geschäftsführer der Telefonseelsorge Berlin e.V.

Hans Christian Schrader, Jg. 1952, Diplom-Psychologe im Krankenhaus Am Urban in Berlin.

Div. gemeinsame Veröffentlichungen, u.a.: Die perfekte Bewerbungsmappe; Neue Bewerbungsstrategien für Hochschulabsolventen; Neue Bewerbungsstrategien für Führungskräfte; Bewerbungsstrategien für Angestellte; Assessment Center; Die Neurosen der Chefs; Arbeitszeugnisse; VERDIENEN SIE SOVIEL, WIE SIE VERDIENEN? (alle im Eichborn Verlag).

Anschrift der Autoren

Hesse/Schrader
Büro für Berufsstrategie
Oranienburger Straße 4-5
10178 Berlin
Tel. 030/28 88 57-0
Fax 030/28 88 57-36
www.berufsstrategie.de

Dieses Buch entstand unter besonderer Mitarbeit
von *Johannes Minnich*, Berlin.
Zeichnungen: Donatella Locci

1 2 3 4 04 03 02
aktualisierte Neuauflage 2002

Eichborn AG, Frankfurt am Main, Oktober 1998
Reihenkonzeption: Christina Hucke (Umschlag), Petra Wagner (Layout)
Lektorat und Satz: Ulrich Ritter
Druck und Bindung: Clausen & Bosse, Leck
ISBN 3-8218-3845-0

Verlagsverzeichnis schickt gern:
Eichborn Verlag, Kaiserstraße 66, D-60329 Frankfurt am Main
www.eichborn.de

INHALT

Einleitung 5

SINN- UND AUFBAU VON PERSÖNLICHKEITSTESTS 7

Warum Persönlichkeitstests? 7
Einstiegstest 9
66 Persönlichkeitsentscheidungen 20
Allgemeine Anforderungen in Persönlichkeitstests 33

DIE GÄNGIGEN TESTVERFAHREN 39

16 PF – Persönlichkeitsmerkmale im Test 39
FPI – Freiburger Persönlichkeits-Inventar 52
MMPI – Meine Seele verläßt manchmal meinen Körper 57
Motiv: Motivation 62
Satzergänzungs-Tests 63
Biographische Fragebögen 64
Der Baumtest nach Karl Koch 71
Der Lüscher-Farbtest 72
Handschriftentests / Graphologie 74
Der DAP (Draw a person)-Test – Die Kastrationsangst der Nase 76
MB-TI – Der Myers-Briggs-Typenindikator 79

Der Wartegg-Zeichentest –
Die Miniaturen des Seelenlebens 81
Der Thematische Apperzeptionstest – TAT 84
Der Szondi-Test –
Die Berufsanalyse des Schicksals 86
Der NEO-FFI-Test –
Das NEO-Fünf-Faktoren-Inventar 88
Der Rorschach-Test – Die Klecks-Entfaltung 98
Der EPPS – Immerhin zwei Alternativen 100
Assessment-Center-Tests 102
AC-Bericht:
Deutsche Bank – Unsere Trefferquote 106
Zum Test-Wettrüsten / Fazit 113

TESTPRAXIS 115
Bewältigungsstrategien 115
(Ver-)Kleidung 119
Körpersprache 121
»Corrigez la fortune« – Thema Notlügen 126

**Emotionale Intelligenz –
Die Weisheit der Gefühle** 128

Soziale Intelligenz / Soziale Kompetenz 132

Erfolgsintelligenz – Der Weg zum Ziel 136

**Auflösung des Tests
»66 Persönlichkeitsentscheidungen«** 144

Quellenverzeichnis 159

Einleitung

»Die Persönlichkeit ist unerforschlich.«

Johann Wolfgang von Goethe

Den meisten Menschen fallen bei dem Wort Persönlichkeitstest sicherlich zuerst Bewerbungssituationen oder der sogenannte »Idiotentest« nach einem Führerscheinentzug ein. Dabei sind Ausleseverfahren, mit denen der Charakter einer Testperson geprüft werden soll, nicht erst in unserer Zeit entwickelt worden. Will man die Ursprünge des Testphänomens ergründen, muß man bis in biblische Zeitalter zurückblicken; um aus den Bewerbern für einen Platz im Heer Gideons im Krieg gegen die Midianiter die geeigneten Soldaten auszuwählen, sprach Gott zu Gideon: »Wer mit seiner Zunge Wasser leckt, wie ein Hund leckt, den stelle besonders...« (Richter 7,5). Von ursprünglich 10000 schlurften daraufhin 300 Bewerber ihr Wasser »hundegleich« und wurden zum Heeresdienst zugelassen.

Tatsächlich erlebten Intelligenz- und Persönlichkeitstest ihren ersten Boom dadurch, daß im Ersten Weltkrieg gewaltige Kontingente an Rekruten gemustert und je nach Begabung auf verschiedene Heeresgattungen verteilt werden mußten. Besonders für die Auswahl von Offizieren entwarf die sogenannte »Heerespsychologie« psychologische Testverfahren, die dann vor allem während des Zweiten Weltkrieges verstärkt eingesetzt wurden. Die meisten Testansätze stammen noch aus dieser Zeit.

Auch wenn diese Ursprünge längst in Vergessenheit geraten sind, so wurden sie doch ständig weiter verfeinert, um den Wünschen von Personalabteilungen in Firmen und Institutionen sowie den Forderungen aus dem militärischen oder psychiatrischen Bereich Rechnung zu tragen.

Persönlichkeit läßt sich jedoch nicht normativ erfassen. Da sich der Charakter aufgrund seiner Komplexität einer genauen Einordnung entzieht, ist man dazu übergegangen, einzelne Komponenten der Psyche zu isolieren und separat zu betrachten. Dadurch geht jedoch der Blick auf das verloren, was eigentlich ergründet werden sollte: der Mensch in seiner Gesamtheit (individuus lat.: unteilbar). So meinte der amerikanische Psychologe Gordon W. Allport in diesem Zusammenhang, daß »viele Forscher sich primär dafür interessieren, daß ihre Versuche exakt sind, als dafür, daß sie dem Gegenstand entsprechen« und »daß die Ergebnisse um so kümmerlicher sind, je exakter man die Forschungsmethoden gestaltet«.

Die Tatsache, daß das menschliche Verhalten stark von kulturellen Faktoren abhängig ist, wird in den meisten Persönlichkeitstests nicht berücksichtigt. Die Testautoren orientieren sich zumeist einseitig an den Vorgaben der westlichen Industrienationen und lassen neben den bereits erwähnten persönlichen Eigenheiten auch ethnische Besonderheiten unberücksichtigt.

Es gibt viele Kritikpunkte an Persönlichkeitstests (wir werden darauf noch zurückkommen) und gute Gründe, sie ganz abzulehnen. Hat man sich jedoch einmal entschlossen, an derartigen Testverfahren teilzunehmen, sollte man wissen, auf was man sich einläßt und worauf es ankommt.

Mit diesem Buch wollen wir Ihnen dabei behilflich sein.

SINN UND AUFBAU VON PERSÖNLICHKEITSTESTS

Warum Persönlichkeitstests?

»Mit was für einem Menschen habe ich es zu tun?« lautet die wohl wichtigste Frage, die sich ein Arbeitsplatzanbieter stellt. Und es ist in der Tat ein legitimes Anliegen eines jeden Arbeitgebers, festzustellen, ob ein Bewerber oder eine Bewerberin auch von der Persönlichkeit her auf den angebotenen Arbeitsplatz paßt. Gewiß ist es oft allein wegen der Zahl der Bewerber unmöglich, sich mit jedem einzelnen Kandidaten in einem Vorstellungsgespräch intensiver einzulassen. So ist es natürlich naheliegend, die Masse der Bewerber zu kategorisieren, um einen ersten Überblick zu erhalten und so vermeintlich die Spreu vom Weizen trennen zu können.

In diesem ersten Ausleseverfahren sollen die Charaktereigenschaften, die Wesenszüge, insgesamt also die Persönlichkeitsstruktur des Bewerbers ergründet werden. Gegenstand der Nachforschungen sind nicht die Eignung oder Intelligenz, nicht primär die Fähigkeit, eine bestimmte Tätigkeit ausüben zu können, sondern viel mehr die Persönlichkeitsmerkmale, d. h. der Charakter des Bewerbers.

Im Mittelpunkt steht die Frage: Paßt dieser Bewerber zu uns, fügt er sich möglichst reibungslos in das vorhandene Team ein? Ist er ein einsatzbereiter, leicht zu »handhabender«, gut »funktionierender« potentieller Mitarbeiter? Um diese Fragen zu beantworten, konzipierten Psychologen mehr oder weniger geeignete Persönlichkeitstests. Dabei sind die unterschiedlichsten und z. T. dubiosesten Verfahren entwickelt worden, mit denen vorgefertigte Raster über die Arbeitssuchenden gelegt werden, um so – jedenfalls nach Meinung der Testautoren – feststellen zu können, wessen Persönlichkeitsstruktur dem Idealklischee vom pflegeleichten, aber hoch motivierten und stark belastbaren Mitarbeiter am nächsten kommt. Durch den Einsatz dieser Persönlichkeitstests wird versucht, einen maximalen Einblick in die Psyche des Bewerbers zu erhalten, in seine allgemeinen Verhaltensweisen, insbesondere aber seine Reaktionen in bestimmten Situationen wie z. B. bei Konflikten oder Streß.

Ohne Zweifel hat ein Arbeitgeber Anspruch auf eine korrekte Arbeitsleistung durch den Arbeitnehmer, den er dafür entlohnt. Dem »Ausforschungsinteresse« des Arbeitgebers bei der Bewerberauswahl müssen jedoch Grenzen gesetzt werden. Unserer Meinung nach stellt der absolute Anspruch des Arbeitgebers, genau wissen zu wollen, welche Persönlichkeitsstruktur und welches Seelenleben ein Arbeitsplatzbewerber oder ein Mitarbeiter besitzt, eine rechtswidrige Ausnutzung eines Abhängigkeitsverhältnisses und eine grobe Verletzung von grundlegenden Persönlichkeitsrechten dar. Es ist in jedem Fall fragwürdig, Bewerber nur nach vorgefertigten Mustern zu kategorisieren, wie dies in sehr vielen Tests erfolgt, sowie Fragen nach verborgenen Ängsten oder nach dem Sexualleben zu stellen.

Und bedenken Sie stets:

Wir sind nicht auf der Welt,
um so zu sein,
wie andere uns haben wollen.

Einstiegstest

Schauen Sie sich bitte die folgenden Bilder an. Eine Situation wird geschildert, ein Bild illustriert dabei, worum es geht. Eine Person (A) sagt etwas, und die andere (B) antwortet darauf. Drei Antwortmöglichkeiten sind vorgegeben. Entscheiden Sie ganz spontan, welche Antwort die angesprochene Person gibt.

1. Es ist drei Uhr nachts, und das Telefon hat Person B aus dem Schlaf geklingelt. Was antwortet Person B? Bitte ankreuzen.

   a) »Das macht nichts. Ich habe noch nicht so fest geschlafen.«
   b) »Es ist wirklich ärgerlich, auf diese Art und Weise geweckt zu werden, aber das kann schon mal passieren.«
   c) »Sie sind ein Vollidiot!«

2. Ein Mann hat einen Bekannten zum Flughafen gefahren. Dabei hat er sich verfahren, so daß die Person B ihr Flugzeug verpaßt hat. Was antwortet Person B?

a) »Daß Sie sich verfahren, habe ich irgendwie vorher geahnt.«
b) »Das macht gar nichts. Der nächste Flieger geht ja in vier Stunden.«
c) »Einerseits Pech. Andererseits: Wer weiß, wofür es gut ist.«

3. Person B ist bei Person A zu Besuch und hat versehentlich eine Vase nebst Blumenstrauß umgestoßen. Was antwortet Person B?

a) »Ich könnte in den Boden versinken. Kann ich das überhaupt jemals wieder gutmachen?«
b) »Scherben bringen Glück! Nur keine Aufregung!«
c) »Es tut mir wirklich leid. Es war nicht meine Absicht. Selbstverständlich komme ich für den Schaden auf.«

4. Vor einer Autoreparaturwerkstatt: eine Reklamation. Was antwortet Person B?

a) »Ich höre kein Geräusch. Da können wir jetzt auch nichts mehr für Sie tun. Sie haben sich schließlich für dieses Modell entschieden.«
b) »Ich verstehe Sie gut, auch ich bin geräuschempfindlich. Soll ich mit dem Chef gleich mal über einen Preisnachlaß sprechen?«
c) »Daß ist bedauerlich, aber wir werden uns noch einmal darum kümmern.«

5. Nach einer halben Stunde Anstehen vor der Kinokasse erfährt Person B, daß die Vorstellung gerade ausverkauft ist. Was antwortet Person B?

a) »Pech, aber dann kaufe ich jetzt eben eine Karte für die nächste Vorstellung.«
b) »So eine Unverschämtheit, hätten Sie das nicht eher sagen können? Dann hätte ich mich ja nicht so lange anstellen müssen!«
c) »So was kann auch nur mir passieren. Wieder ein Abend im Eimer.«

6. Im Restaurant beklagt sich der Gast über das Essen. Was antwortet der Ober?

a) »Das kann nicht sein, über diese Suppe hat sich noch niemand beschwert. Sie sind der erste.«
b) »Tut mir leid, ich spreche sofort mit dem Koch und Sie bekommen eine neue Suppe.«
c) »Ich bedauere, daß Ihnen unsere Suppe nicht schmeckt. Darf ich Ihnen etwas anderes anbieten?«

7. Reklamation in einem Radio-Fernseh-Fachgeschäft. Was antwortet der Verkäufer?

a) »Das ist mir wirklich furchtbar unangenehm, jetzt bekommen Sie ein nagelneues Gerät.«
b) »Tut mir leid, wir versuchen noch einmal unser Bestes.«
c) »Das ist doch unmöglich. Den haben Sie bestimmt selbst kaputtgemacht.«

Auswertung, Aufbau, Interpretation

Bitte addieren Sie zunächst Ihre Punktzahlen. Bei Aufgabe 1 bekommen Sie für die Ankreuzung a 0 Punkte, für b 2 Punkte und für c 4 Punkte. Dazu die folgende Tabelle:

	Antwort		
Aufgabe	**a**	**b**	**c**
1	0	2	4
2	4	0	2
3	0	4	2
4	4	0	2
5	2	4	0
6	4	0	2
7	0	2	4

Maximal können Sie 28 Punkte erreicht haben, minimal 0. Ihr Ergebnis muß in jedem Fall eine gerade Zahl sein, ansonsten haben Sie einen Additions- bzw. Übertragungsfehler gemacht (und sind durch den Rechentest gefallen ...).

Bitte tragen Sie Ihren Punktwert auf der folgenden Skala ein:

depressiv	angemessen	aggressiv
0 2 4 6 8	10 12 14	16 18 20 22 24 26 28

Was sagt Ihnen und uns der erreichte Punktwert? Zunächst einmal: Hier waren sieben Situationen skizziert, die durch Enttäuschungen, Ärger, Schwierigkeiten, Probleme und Unannehmlichkeiten gekennzeichnet waren. Das sind Situationen und Erlebnisse, die wir alle in unserem Alltag zur Genüge kennen.

Interessant ist, wie wir damit umgehen: Der eine macht seinem Ärger deutlich Luft und schimpft, der andere schluckt seinen Ärger runter und schweigt. Der eine brüllt, der andere weint. Der eine glaubt, sich dafür entschuldigen zu müssen, »daß er geboren wurde«, der andere verlangt wutschnaubend nach seinem Recht. Zwischen diesen beiden extremen Verhaltensweisen gibt es auch den sog. »goldenen Mittelweg«.

Was, glauben Sie, trifft auf Sie zu? Eine Extremposition, d. h., schlagen Sie schnell mal mit der Faust auf den Tisch bzw. neigen Sie zum Magengeschwür, oder liegen Sie »in der Mitte?«

So war der Test aufgebaut

Bei den jeweiligen Situationen ging es nicht um Person B (egal ob Kellner, Aufgeweckter, Monteur etc.), sondern eigentlich um Sie. In einer durch Schwierigkeiten, Unannehmlichkeiten oder Frustration gekennzeichneten Situation mußten Sie sich zwischen drei Antwortmöglichkeiten und damit Reaktionsweisen entscheiden.

1. Eine der Möglichkeiten war jeweils die, seinem Ärger Luft zu machen und zu schimpfen (z. B. den nächtlichen Anrufer einen Vollidiot zu nennen: 1c; so auch 2a, 3b, 4a, 5b, 6a, 7c; diesen Ankreuzmöglichkeiten waren jeweils 4 Punkte zugeordnet)

2. Alternativ – oder besser als ein anderes Extrem – wurde die Möglichkeit angeboten, den Ärger»runterzuschlucken und in sich »reinzufressen«, z. T. auch Ärger, Wut und Enttäuschung zu leugnen (z. B. dem Anrufer zu erklären, man habe noch nicht so fest geschlafen: 1a; so auch 2b, 3a, 4b, 5c, 6b, 7a – jeweils mit 0 Punkten bewertet).

Damit ergeben sich die Eckpfeiler, die die extremen Positionen kennzeichnen, wenn es um frustrierende Situationen geht: wütende (aggressive) Reaktion auf der einen und Ärger bzw. Wut »runterschluckende« (depressive) Reaktion auf der anderen Seite.

3. Der sog. »goldene Mittelweg« wurde ebenfalls angeboten (z. B. wird dem nächtlichen Anrufer gesagt, daß es sich um eine ärgerliche Störung handelt, die aber schon mal passieren kann: 1b; so auch 2c, 3c, 4c, 5a, 6c, 7b).

Hier wurde versucht, eine halbwegs angemessene, weder zu aggressive noch zu sehr den Ärger »runterschluckende» Antwort auf die Frustration zu finden. Deutlich wurde der Versuch unternommen, konstruktiv mit der schwierigen Situation klarzukommen, ohne die Enttäuschung und die entstandenen Schwierigkeiten zu verleugnen oder zu beschönigen.

Nun zur Interpretation Ihres Punktwertes

0–8 Punkte
Sie neigen in ausgeprägter Weise dazu, Ihren Ärger »runterzuschlucken« bzw. ihn nicht wahrhaben zu wollen. Kennen Sie das: Magen- oder Kopfschmerzen, das ohnmächtige Gefühl, mit tränenerstickter Stimme kein Wort rauszukriegen? Das ist alles furchtbar ungesund. Bei 6 Punkten deutet sich die Tendenz an, sich bald angemessener mit ärgerlichen Situationen auseinandersetzen zu können. Weiter in dieser Richtung!

10–18 Punkte
Hier liegen Sie im »goldenen Mittelbereich«. Sie scheinen in der Lage zu sein, angemessen auf Frustrationen reagieren zu kön-

nen. Ganz besonders gilt das für die Punktwerte 12, 14 und 16. Sollten Sie den Punktwert 10 haben, laufen Sie Gefahr, sich dem Tal der »Runterschlucker« zu sehr zu nähern. Achtung: Dies gilt auch für den Punktwert 18, allerdings mit entgegengesetztem Vorzeichen: Achten Sie darauf, nicht »zu viel Gas« zu geben, Ihr Temperament nicht mit Ihnen durchgehen zu lassen. Ansonsten sind 14 und 16 die Positionen, mit denen man wahrscheinlich am besten durchs Leben kommt.

20–28 Punkte
Sie scheinen das Motto »Wer sich nicht wehrt, lebt verkehrt« zu Ihrer generellen Richtschnur gemacht zu haben. Vorsicht! Sie laufen Gefahr, zu grob und ungerecht mit Ihrer Umwelt umzugehen. Vielleicht bekommen Sie später einmal Bluthochdruck ...

Spaß beiseite

Dieser kleine Einstiegstest – bitte nehmen Sie Ihr Ergebnis nicht so tierisch ernst – sollte nur dazu dienen, an einem konkreten Beispiel Aufbau und Interpretation eines Persönlichkeitstests zu illustrieren.

Wozu ein solcher Test dienen kann? Angenommen, Sie bewerben sich auf einen Job im Außendienst einer Versicherung, wo Sie »Klinken putzen«, viele Gespräche führen müssen, bevor es endlich klappt und Sie jemandem eine Reisegepäck-Versicherung aufgeschwatzt haben. Hier könnte es sein, daß der Arbeitgeber Sie bei der Bewerbung mit einem ähnlichen Test konfrontiert. Er will möglichst vorher herausfinden, wie Sie mit den zu erwartenden Schwierigkeiten – viele Leute wollen gar keine Versicherung abschließen –, wie Sie also mit diesen Enttäuschungen umgehen. Lassen Sie sich davon »fertigmachen«, oder können Sie auch noch nach dem 15. vergeblichen Gespräch weiterarbeiten, und das weder mit Tränen in den Augen noch mit einer geballten Faust in der Tasche.

Es mag für Sie nicht sofort durchschaubar sein, doch in gewisser Weise geht es bei diesem Test um Ihre Anpassungsfähigkeit. Können Sie in heiklen, Frust auslösenden Situationen angemessen reagieren, d. h. nicht gleich losplatzen, explodieren und auf die Barrikaden gehen, aber sich auch nicht sofort ganz und gar zurücknehmen, verkriechen und dafür entschuldigen, daß Sie geboren worden sind?

Den eben von Ihnen absolvierten Test gibt es wirklich. Natürlich war das nur ein ganz kurzer Auszug. Der sog. »Picture Frustration Test« des amerikanischen Psychologen Rosenzweig soll – wie geschildert – Aufschluß darüber geben, wie die getestete Person auf Frustrationen reagiert. Ob Sie es glauben oder nicht: Dieser Persönlichkeitstest wird tatsächlich in der einen oder anderen Form von Arbeitgebern eingesetzt. Man kann darüber spekulieren, wer auf diese Weise »ausgesiebt« werden soll – diejenigen, die zu rebellisch sind, oder die stillen »Sensibelchen«.

66 Persönlichkeitsentscheidungen

Nachfolgend finden Sie 66 Aussagen, die sich auf Ihre Interessen, Neigungen und Einstellungen beziehen. Bei vielen dieser Aussagen kann man unterschiedlicher Meinung sein: Der eine denkt, Geld mache nicht glücklich, der andere ist gegenteiliger Ansicht. Der eine ist im persönlichen Umgang zurückhaltend, der andere nicht. Der eine fühlt sich stark und selbstbewußt, der andere ist voller Selbstzweifel. Eine »richtige« Antwort auf die jetzt folgenden Aussagen gibt es nicht. Jeder Mensch hat schließlich das Recht auf seine eigene Meinung, basierend auf seinen individuellen Erfahrungen.

Wir möchten nun Ihre Meinung zu einer Reihe von Aussagen erfahren. Zu jeder Aussage gibt es drei Antwortmöglichkeiten. Dazu ein Beispiel:

Ich treibe gerne Sport.

a) stimmt
b) teils-teils
c) stimmt nicht

Kreuzen Sie bitte diejenige Antwort an, die Ihrer Meinung am ehesten entspricht. Wichtig: Grübeln Sie nicht lange darüber nach, wie eine Aussage zu verstehen ist und was sie bedeuten könnte. Geben Sie Ihre Antwort ganz spontan; mehr als 15-20 Minuten Zeit sollten Sie für diesen Test nicht benötigen.

Manche Aussagen enthalten nicht alle Einzelheiten, die man eigentlich wissen müßte, um eine gute Entscheidungsgrundlage zu haben. Machen Sie sich also nicht zu viele Gedanken, z. B. wenn Sie außer Fußball andere Sportarten nicht mögen und auch nicht ausüben. Wenn Sie nun einmal gerne Fußball spielen und das gelegentlich tun, kreuzen Sie ruhig a an (stimmt).

Manchmal können Sie sich vielleicht nicht ganz eindeutig entscheiden, und so liegt Ihre persönliche Einstellung zur jeweiligen Aussage irgendwo »dazwischen«. Dann kreuzen Sie b (teils-teils) an. Das sollten Sie aber bitte nur dann tun, wenn es Ihnen wirklich unmöglich erscheint, sich zwischen den anderen beiden Antwortmöglichkeiten zu entscheiden.

Bitte bearbeiten Sie jede Aussage. Manche mögen Ihnen etwas sehr persönlich erscheinen, aber es geht hier nicht um einzelne Antworten, sondern nur um das Gesamtbild.

1. Gleiches Gehalt vorausgesetzt, wäre ich lieber ...
   a) Chemiker im Labor
   b) unsicher
   c) Manager im Hotel

2. Ich halte viel von dem Satz »Erst die Arbeit, dann das Vergnügen«.
   a) stimmt
   b) teils-teils
   c) stimmt nicht

3. Ich arbeite lieber ...
   a) mit Zahlen und Statistiken
   b) unsicher
   c) mit Menschen zusammen

4. Karriere ist nicht alles im Leben.
   a) stimmt
   b) teils-teils
   c) stimmt nicht

5. Ich vermeide es, mich mit Leuten rumzustreiten.
   a) ja
   b) manchmal
   c) nein

6. Wenn Leute mit Moral argumentieren, regt mich das auf.
   a) stimmt
   b) teils-teils
   c) stimmt nicht

7. In unserer Wirtschaftsordnung sollte im Prinzip alles so bleiben, wie es ist.

a) stimmt
b) teils-teils
c) stimmt nicht

8. Lieber ein ganz sicherer Arbeitsplatz mit festem, aber kleinem Gehalt als das Gegenteil.
a) stimmt
b) teils-teils
c) stimmt nicht

9. Wenn andere die Köpfe zusammenstecken und tuscheln, denke ich, daß sie schlecht über mich reden könnten.
a) stimmt
b) teils-teils
c) stimmt nicht

10. Ich denke, daß ich Herausforderungen mutig begegne.
a) ja, meistens
b) manchmal
c) sehr selten

11. Mit einer schweren Erkältung im Bett liegend, ...
a) versuche ich, die Zeit als eine Art Urlaub zu genießen
b) teils-teils
c) denke ich an die liegenbleibende Arbeit

12. Ich fühle mich oft einsam.
a) stimmt
b) teils-teils
c) stimmt nicht

13. Nachts habe ich bisweilen schlechte Träume.
a) stimmt

b) teils-teils
c) stimmt nicht

14. Ich lese lieber ein gutes Buch, als mich mit anderen angeregt zu unterhalten.
a) stimmt
b) teils-teils
c) stimmt nicht

15. Wenn andere erfolgreich sind, kann ich sie schon ein bißchen beneiden.
a) stimmt
b) teils-teils
c) stimmt nicht

16. Wenn jemand es verdient, kann ich sehr spöttisch sein.
a) im allgemeinen
b) manchmal
c) nie

17. Wenn jemand besonders freundlich zu mir ist, frage ich mich schnell, warum – und was möglicherweise dahintersteckt.
a) stimmt
b) teils-teils
c) stimmt nicht

18. Auch kleinere Experimente können ein schwer kalkulierbares Risiko beinhalten.
a) stimmt meistens
b) teils-teils
c) stimmt selten

19. Ich glaube nicht, daß mir jemand wirklich Schwierigkeiten wünscht.
   a) stimmt
   b) teils-teils
   c) stimmt nicht

20. Jemandem, der mein Vertrauen enttäuscht, ...
   a) bin ich sehr böse
   b) teils-teils
   c) kann ich recht schnell wieder verzeihen

21. Ich habe Qualitäten, die mich vielen anderen überlegen machen.
   a) stimmt
   b) unsicher
   c) stimmt nicht

22. Es ist mir unangenehm, andere in Verlegenheit zu bringen.
   a) stimmt
   b) teils-teils
   c) stimmt nicht

23. Ich möchte im Leben vorankommen.
   a) stimmt
   b) teils-teils
   c) stimmt nicht

24. Wenn ich mit mehreren Menschen im Fahrstuhl fahre, beschleicht mich ein unangenehmes Gefühl.
   a) stimmt
   b) teils-teils
   c) stimmt nicht

25. Wenn ich zu Bett gehe, kann ich gut einschlafen.
    a) stimmt
    b) teils-teils
    c) stimmt nicht

26. Es passiert mir häufiger, daß ich die Arbeit anderer kritisiere.
    a) stimmt
    b) teils-teils
    c) stimmt nicht

27. Die Welt braucht zur Orientierung mehr ...
    a) Beständigkeit und Verläßlichkeit
    b) unsicher
    c) Ideale und Utopien

28. Nur aus Angst vor Strafe verhalten sich die meisten Menschen korrekt.
    a) stimmt
    b) teils-teils
    c) stimmt nicht

29. Als Kind war ich selten anderer Meinung als meine Eltern.
    a) stimmt
    b) teils-teils
    c) stimmt nicht

30. Im Straßenverkehr lasse ich mich auf keinen Fall unterkriegen.
    a) stimmt
    b) teils-teils
    c) stimmt nicht

31. Jemanden, der schlecht über mich redet, ...
a) lasse ich links liegen
b) unsicher
c) versuche ich zu ertappen und zur Rede zu stellen

32. Oft fällt es mir schwer, angefangene Arbeiten auch zu vollenden.
a) stimmt
b) teils-teils
c) stimmt nicht

33. Es macht mir Spaß, mit anderen Leuten zu reden.
a) stimmt
b) teils-teils
c) stimmt nicht

34. Bei gleichem Gehalt wäre ich lieber ...
a) Lehrer
b) unsicher
c) Förster

35. Bei mir läuft vieles schief.
a) stimmt
b) teils-teils
c) stimmt nicht

36. Tagträumereien kenne ich bei mir nicht.
a) stimmt
b) teils-teils
c) stimmt nicht

37. Ziele, die ich mir gesetzt habe, erreiche ich fast immer.
a) stimmt

b) teils-teils
c) stimmt nicht

38. Bei gleicher Arbeitszeit und Gehalt wäre ich in einem guten Restaurant gerne ...
a) Kellner
b) unsicher
c) Koch

39. In einer Fabrik wäre ich gerne verantwortlich für ...
a) den Maschinenpark
b) unsicher
c) die Personalabteilung

40. Das ganze Jahr über freue ich mich auf den Urlaub.
a) stimmt
b) teil-teils
c) stimmt nicht

41. Lieber schreibe ich in einer schwierigen Situation einen Brief, als ein Telefonat zu führen.
a) stimmt´
b) teils-teils
c) stimmt nicht

42. Am liebsten gehe ich in allen Dingen meine eigenen Wege.
a) stimmt
b) teils-teils
c) stimmt nicht

43. Wer viel lächelt, meint es oft nicht gut.
a) stimmt

b) teils-teils
c) stimmt nicht

44. Ein unaufgeräumter Schreibtisch stellt für mich und meinen Ordnungssinn eine Herausforderung dar.
a) stimmt
b) teils-teils
c) stimmt nicht

45. Einen besonderen, ausgefallenen Wunsch zu äußern fällt mir schwer.
a) stimmt
b) teils-teils
c) stimmt nicht

46. Das Sprichwort »Lieber der Spatz in der Hand als die Taube auf dem Dach« ist für meine Einstellung zum Leben ...
a) zutreffend
b) unsicher
c) unzutreffend

47. Wenn Leute freundlich zu mir sind, denke ich, daß sie hinter meinem Rücken schlecht über mich reden.
a) stimmt
b) teils-teils
c) stimmt nicht

48. Wenn mir im Restaurant das Essen nicht schmeckt, fällt es mir schwer, beim Kellner zu reklamieren.
a) stimmt
b) teils-teils
c) stimmt nicht

49. Das Sprichwort »Was der Bauer nicht kennt, das ißt er nicht« gilt für mich.
   a) stimmt
   b) teils-teils
   c) stimmt nicht

50. Ich bin dafür, daß man bei Problemlösungen
   a) auf bewährte Methoden zurückgreift
   b) teils-teils
   c) neue Wege und Vorschläge ausprobiert

51. Bei einer wichtigen Arbeit lasse ich mich nicht gerne unterbrechen.
   a) stimmt
   b) teils-teils
   c) stimmt nicht

52. Wenn ich eine große Geldsumme für wohltätige Zwecke zur Verfügung hätte, würde ich ...
   a) den vollen Betrag der Kirche überlassen
   b) die Hälfte der Kirche, die Hälfte der Wissenschaft geben
   c) den vollen Betrag für die Wissenschaft spenden

53. Wenn das Wetter sich verändert, spüre ich Auswirkungen auf meine Arbeitsleistung und Stimmung.
   a) zutreffend
   b) gelegentlich
   c) unzutreffend

54. Ich bin lieber für mich allein als mit anderen zusammen.
   a) stimmt
   b) teils-teils
   c) stimmt nicht

55. Ich bin selten krank.
a) stimmt
b) teils-teils
c) stimmt nicht

56. Oft denke ich über Möglichkeiten nach, wie man die Gesellschaft verändern müßte, damit alles besser funktioniert.
a) stimmt
b) teils-teils
c) stimmt nicht

57. Wenn ich im Kaufhaus nicht so bedient werde, wie ich es für angemessen halte, lasse ich – wenn nötig – den Abteilungsleiter rufen.
a) stimmt
b) teils-teils
c) stimmt nicht

58. Wenn ich mein Leben noch einmal vor mir hätte, würde ich ...
a) es ganz anders planen
b) weiß nicht
c) es mir ziemlich genauso wünschen

59. Ich bin für eine gewissenhafte Planung und Organisation bei der Arbeit.
a) stimmt
b) teils-teils
c) stimmt nicht

60. Ich neige zu Stimmungsschwankungen.
a) stimmt

b) gelegentlich
c) stimmt nicht

61. Mir geht im Leben manches daneben.
a) selten
b) manchmal
c) oft

62. Oftmals leide ich unter einem Gefühl des Alleinseins.
a) stimmt
b) teils-teils
c) stimmt nicht

63. Der berufliche Aufstieg ist nicht das Wichtigste im Leben.
a) stimmt
b) teils-teils
c) stimmt nicht

64. Ich streite nicht gern mit anderen Menschen.
a) stimmt
b) teils-teils
c) stimmt nicht

65. Oft kann ich an Leistungen anderer kein gutes Haar lassen.
a) stimmt
b) teils-teils
c) stimmt nicht

66. Am System der sozialen Marktwirtschaft gibt es viel zu reformieren.
a) stimmt
b) teils-teils
c) stimmt nicht

Geschafft! In einer realen Testsituation haben solche Persönlichkeitstests etwa zwischen 100 und 250 Fragen bzw. Aussagen (oder in der Psycho-Fachsprache: Items). Sie sind sicher schon auf Ihr »persönliches« Ergebnis gespannt (Auflösung s. S. 144).

Allgemeine Anforderungen in Persönlichkeitstests

Im wesentlichen geht es bei dieser Art von Tests um vier Persönlichkeitsmerkmale, die als Entscheidungskriterien für die Auswahl der Bewerber dienen:

- Emotionale Stabilität
- Kontaktfähigkeit
- Leistungsbereitschaft
- Geschlechtsspezifität

Was unter diesen vier Begriffen zu verstehen ist, verdeutlicht die folgende Übersicht:

Emotionale Stabilität

Man unterliegt nicht grundlos Stimmungsschwankungen,
wird nicht von diffusen Ängsten und Sorgen gequält,
kennt keine Schuldgefühle,
neigt nicht zu Perfektionismus,
ist nicht launenhaft
und nur sehr selten krank,
hat keine Schwierigkeit, sich auf seine Arbeit zu konzentrieren,
kennt keine Tagträumereien,
ist mit seinem Leben zufrieden und würde sich

ein neues Leben genauso wünschen und vorstellen,
leidet nicht unter Platzangst,
plant seine Arbeit und geht ihr zügig nach,
fühlt sich selten schlecht oder elend,
ist gewöhnlich nicht nervös, sondern ausgeglichen
und nach dem Aufwachen frühmorgens frisch und munter,
leidet nicht unter Schlafstörungen und kann gut einschlafen,
ist nicht wetterfühlig,
läßt sich durch Unordnung nicht stören,
leidet nicht unter Kopfschmerzen, Migräne
oder Schwindelanfällen,
sorgt sich nur wenig um die eigene Gesundheit,
hat als Kind auch schon mal etwas
gegen den Willen der Eltern getan,
fühlt sich den Anforderungen des Lebens gut gewachsen,
zeigt Toleranz,
hat Selbstvertrauen und kennt
keine Minderwertigkeitsgefühle,
handelt nicht impulsiv,
neigt nicht zu Grübeleien,
ist eher offen,
kennt keine ständig wiederkehrenden »unnützen« Gedanken,
fühlt sich nicht unverstanden, verkannt oder im Stich gelassen,
leidet nicht unter Appetitlosigkeit
usw.

Kontaktfähigkeit

Man ist von der Grundstimmung her Optimist,
fühlt sich zusammen mit vielen Menschen wohl,
trifft sich gern mit Freunden,
schließt schnell Freundschaften,
verfügt über einen großen Bekannten- und Freundeskreis,
ist aktiv, gesprächig, temperamentvoll,

geht gerne und oft aus,
glaubt, erfolgreich zu sein,
fühlt sich auch in großen Gruppen unbefangen,
ist in der Lage, in Gesellschaften aus sich herauszugehen,
sucht die Geselligkeit anderer Leute,
ergreift gewöhnlich bei neuen Bekanntschaften die Initiative,
übernimmt in Gruppen gerne eine Führungsposition,
bevorzugt gesellige Freizeitbeschäftigungen,
läßt sich leichter auf Risiken ein,
bevorzugt Berufe, die einen Kontakt
zu anderen Menschen schaffen,
telefoniert lieber als Briefe zu schreiben,
geht eher auf eine Party als ein Buch zu lesen,
schätzt sich als schlagfertig ein und hat immer
eine passende Antwort parat,
erzählt auch gerne mal einen Witz,
behält selbst in kritischen Situationen, bei Problemen
und Ärger die gute Laune,
hält es für wichtig, allgemein beliebt zu sein,
empfindet keine Hemmungen beim Sprechen
vor größeren Gruppen
usw.

Leistungsbereitschaft

Man kann sich mit dem Lebensgrundsatz »Erst die Arbeit,
dann das Vergnügen« identifizieren,
schiebt Arbeiten nicht auf,
läßt begonnene Arbeiten nicht liegen,
läßt sich bei der Arbeit nur schwer unterbrechen,
arbeitet planvoll, überlegt und organisiert, überlegt sich
vorher genau, was zu tun ist,
kann sich auf seine Arbeit leicht konzentrieren,
bereitet sich z.B. auf Prüfungen intensiv vor,

scheut einen Wettkampf nicht,
vergleicht die eigene Leistung und Fähigkeit
mit der von anderen,
zeigt Ehrgeiz und verfolgt seine Ziele mit Entschlossenheit,
beneidet den Erfolg anderer,
besitzt genug Kraft, um mit eigenen Problemen
fertig zu werden,
möchte gerne eine wichtige oder berühmte Persönlichkeit sein,
denkt selbst in den Ferien an die Arbeit,
zeigt sich ständig bemüht voranzukommen,
genießt seine Freizeit erst dann, wenn die Arbeit getan ist,
usw.

Geschlechtsspezifität
Man ist optimistisch eingestellt,
kennt keine Angst und ist nicht schreckhaft,
auch nicht zu sentimental,
mag handfeste körperliche Tätigkeiten,
denkt nicht viel über die Liebe nach,
ist an Sport interessiert,
hat kein Interesse an Chorgesang,
hat als Kind gern mit Spielzeugwaffen gespielt,
tut ab und zu aus Spaß etwas Gefährliches,
reagiert nicht mit Übelkeit auf den Anblick von Blut,
liest lieber wissenschaftliche als belletristische Literatur,
kennt keine kalten Füße oder Hände,
interessiert sich nicht sonderlich für Tanzveranstaltungen,
ekelt sich nicht vor Schlangen und Insekten,
zieht technische Berufe musischen vor,
ist nicht besonders an einer schönen Umwelt interessiert,
empfindet Romantik eher als ein Fremdwort,
erzählt bisweilen auch mal einen unanständigen Witz
usw.

Der Merkmalsbereich Geschlechtsspezifität ist von seiten der Tester in Personal- und Persönlichkeitsfragebögen eindeutig an gängigen männlichen Rollenklischees ausgerichtet – auch Bewerberinnen werden nach diesem dubiosen Maßstab beurteilt.

Aus den vier großen Themenbereichen Emotionale Stabilität, Kontaktfähigkeit, Leistungsbereitschaft und Geschlechtsspezifität stammen viele Persönlichkeitstestfragen. Sie zielen darauf ab, Ihren Charakter zu erforschen. Mit ein wenig Übung gelingt es Ihnen, alle nur erdenklichen Fragen in diese vier Bereiche einzuordnen.

16 PF – Persönlichkeitsmerkmale im Test

Ihr möglicher neuer Arbeitgeber will Sie kennenlernen. Dies gilt sicherlich auch in umgekehrter Richtung. Sie wollen aus der Bewerbungssituation Informationen über Ihren potentiellen »Brötchengeber« mitnehmen. Nur die Methoden, die Mittel, die dem Arbeitgeber wie dem Bewerber zur Verfügung stehen, sind recht ungleich. Diese sogenannten Persönlichkeitstestverfahren erfreuen sich immer größerer Beliebtheit und werden als Selektions- (Auswahl-) Instrument bewußt und gezielt gegen die Bewerber eingesetzt.

Bereits die Art, wie Sie die Tür öffnen, um in das Sekretariat, ins Vorzimmer zu kommen, ist Bestandteil des Testverfahrens. Wie Sie Platz nehmen, ob Sie rauchen, ob Sie Kaffee trinken, wie Sie sprechen, wie Sie sitzen, alles fließt in das sog. Persönlichkeitstestverfahren ein. Es soll Firmen geben, die ganz gezielt eine Anzahl von Bewerbern in einem Warteraum bis zu einer Stunde und länger warten lassen, um diese über Videokameras oder auch durch als Bewerber getarnte Mitarbeiter zu beobachten.

Persönlichkeitstestverfahren fangen also bereits in einem ganz frühen Stadium und scheinbar harm- und bedeutungslos an. Daß sie dies nicht sind und daß es wichtig ist, sich mit ihnen bewußt auseinanderzusetzen, beweisen wir Ihnen im Folgenden. Arbeitgeber, Personalchefs etc. werden ganz besonders vorbereitet und geschult, um diese Formen der Bewerberauswahl gezielt anwenden zu können. Dies bedeutet keinesfalls, daß es sich dabei um sinnvolle, effektive und vor allem legale Auswahlverfahren bzw. -methoden handelt.

Während die Interpretation Ihres Händedrucks, die Einschätzung Ihres Auftretens, der Versuch der Analyse Ihrer Körperhaltung etc. viel mit Intuition, subjektiven Sympathie- oder Antipathieempfindungen zu tun haben und vor allem eher der Trickkiste von Taschenpsychologen entspringen, sind die jetzt hier vorgestellten klassischen Persönlichkeitstests, der 16 PF und der FPI, wissenschaftlich entwickelte Testverfahren. Diese werden im klinischen Bereich, also z. B. im Krankenhaus, anwendet und lassen hier sehr wohl eine gewichtige Aussage über den Getesteten, in der Regel Probanden oder Patienten zu. Werden sie von Personalchefs im Berufsleben eingesetzt, um bei der Bewerberauswahl die Qual der Wahl aus Arbeitgebersicht zu erleichtern, so ist dies juristisch unzulässig.

Wo aber kein Kläger ist, ist bekanntlich auch kein Beklagter, und so wird diese inhumane, gefährliche Testwaffe immer häufiger verwendet. Hier gilt es für den Bewerber, das psychische Verletzungsrisiko zu erkennen und sich das Rüstzeug zum Entschärfen dieser Tests anzueignen. Dazu gehört es, sich mit den Verfahren im einzelnen vertraut zu machen. Wer weiß, auf welchen Persönlichkeitskonzepten diese Tests basieren, was der Hintergrund der Fragen ist und wie diese einzuschätzen sind, der ist ihnen bei weitem nicht mehr so hilflos ausgeliefert.

Bis ins letzte Detail ausgeklügelte Ankreuzempfehlungen kann es dabei nicht geben. Die Persönlichkeitsmerkmale, die ein Arbeitgeber an eine Stewardeß stellt, sind naturgemäß andere als die beispielsweise an einen Manager auf der mittleren Verantwortungsebene.

Die im Folgenden vorgestellten Persönlichkeitstestverfahren können an sich, richtig angewandt und eingesetzt, in einer besonderen, durch Vertrauen geprägten Beziehung zwischen Therapeut und Patient sinnvoll und hilfreich sein. Sie gehören jedoch ausschließlich in den klinischen Bereich und haben dort die Aufgabe, dem Therapeuten die Hilfe, die der Klient bzw. Patient von ihm erwartet, noch gezielter und schneller zu ermöglichen. So eingesetzt, helfen sie dem Getesteten, der sich ihnen im Gegensatz zur Bewerbungssituation nicht zwangsweise, sondern völlig freiwillig unterzieht.

Im Berufsleben werden diese Tests mit der Intention eingesetzt, allein dem Arbeitgeber oder Personalchef bei der Auswahl zu helfen. Die besondere Zwangssituation, in der sich ein Bewerber um einen Arbeitsplatz befindet, läßt eine Testverweigerung nicht zu. Dieses hätte in der Regel zur Konsequenz, keine Chance mehr auf den Arbeitsplatz zu haben.

Deshalb ist es wichtig zu wissen: Zu den Rechten des Bewerbers gehört, daß er auf unzulässige Fragen eine unzutreffende Antwort geben darf. Das Bundesarbeitsgericht hat in Anerkennung der Notwehrsituation dem Bewerber ein Recht auf Lüge zuerkannt. Wenn der Bewerber zur Wahrung seiner Chancen unzulässige Fragen falsch – d. h. entgegen der Tatsachenlage im Sinne des vom Interviewer erkennbar erstrebten Ergebnisses – beantwortet, kann der Arbeitgeber bei der Entdeckung daraus rechtlich keine Konsequenzen ziehen. [1, siehe Quellenverzeichnis]

Der 16PF-Test reduziert den Menschen auf 16 konträre Persönlichkeitsmerkmale:

- Sachinteresse – Kontaktinteresse
- Konkretes Denkvermögen – Abstraktes Denkvermögen
- Emotionale Labilität – Emotionale Stabilität
- Soziale Anpassung – Dominanzstreben
- Besonnenheit – Begeisterungsvermögen
- Flexibilität – Pflichtbewußtsein
- Zurückhaltung – Selbstsicherheit
- Robustheit – Sensibilität
- Vertrauen – Mißtrauen
- Pragmatismus – Phantasie
- Offenheit – Cleverness
- Selbstvertrauen – Besorgtheit
- Sicherheitsdenken – Veränderungsbereitschaft
- Teamfähigkeit – Einzelgängertum
- Spontaneität – Selbstkontrolle
- Ausgeglichenheit – Angespanntheit

Weiterhin werden noch fünf Zusatzfaktoren ermittelt:

- starke Normorientierung – geringe Normorientierung
- große Streßtoleranz – geringe Streßtoleranz
- große Autonomie – geringe Autonomie
- große Entscheidungsfreudigkeit – geringe Entscheidungsfreudigkeit
- starker Kontaktwunsch – geringer Kontaktwunsch

Nun etwas ausführlicher:

Merkmale	in den Dimensionen	überprüft durch Aussagen wie
1. Sachbezogenheit gegenüber Kontaktorientierung	von eher kühl und reserviert bis aufgeschlossen und warmherzig	Ich wäre lieber: a) Förster b) weiß nicht c) Lehrer
2. Konkretes, eher langsames Denken gegenüber abstraktem und logischem Denkvermögen	von weniger intelligent bis deutlich intelligent	Wenn der Himmel »unten« ist und der Winter »heiß«, dann ist auch ein Verbrecher a) ein Heiliger b) eine Wolke c) ein Gangster
3. Emotionale Störanfälligkeit gegenüber emotionaler Stabilität	von sich leicht beunruhigen lassen bis stabil und gelassen bleiben	Wenn ich zu Bett gehe, schlafe ich a) nur schwer ein b) teils-teils c) sehr schnell ein
4. Soziale Anpassung und Unterwürfigkeit gegenüber Selbstbehauptung und Dominanz	von sich anpassen und sich unterordnen bis selbstbewußt und unnachgiebig auftreten	Wenn ich in einem Kaufhaus von einer Verkäuferin nicht so bedient werde, wie ich es mir wünsche, gehe ich ohne Zögern zum Abteilungsleiter. a) stimmt b) teils-teils c) stimmt nicht
5. Ausdrucksarmut und Besonnenheit gegenüber Begeisterungsfähigkeit	von ernsthaft und nachdenklich bis schnell, wach, enthusiastisch, sorglos	Ich kenne bei mir ein starkes Verlangen nach aufregenden und spannenden Erlebnissen. a) stimmt b) teils-teils c) stimmt nicht

Merkmale	in den Dimensionen	überprüft durch Aussagen wie
6. Flexibilität oder auch Über-Ich, (Gewissens-) Schwäche gegenüber Pflichtbewußtsein, starkem, kontrollierendem Gewissen	von ungezwungen, unordentlich bis ordnungsliebend, gewissenhaft	Wenn ich mit einer schweren Erkältung im Bett liege, erlebe ich dies a) als eine Art Urlaub b) teils-teils c) macht mich das besorgt, weil ich nicht arbeiten kann
7. Zurückhaltung und soziale Scheu gegenüber Initiative und Selbstsicherheit	von gehemmt, zurückhaltend und vorsichtig bis aktiv, ungehemmt, sorglos	Bei gesellschaftlichen Anlässen mich unter die Leute zu mischen, fällt mir a) leicht b) teils-teils c) schwer
8. Grobschlächtigkeit und Robustheit gegenüber Feinfühligkeit, Sensibilität	von realistisch, rücksichtslos bis intuitiv, sensibel	Die Schönheit eines Gedichts bewundere ich mehr als die präzise Verarbeitung eines Gewehrs. a) stimmt b) unsicher c) stimmt nicht
9. Vertrauensbereitschaft und Vertrauensseligkeit gegenüber Argwohn und skeptischer Haltung	von vertrauensvoll, tolerant, vergebend bis skeptisch, kritische Haltung bewahrend, offen mißtrauisch	Angst vor Strafe hält die meisten Menschen davon ab, sich kriminell zu betätigen a) stimmt b) teils-teils c) stimmt nicht

Merkmale	in den Dimensionen	überprüft durch Aussagen wie
10. Nüchternheit, Pragmatismus gegenüber Unbekümmertheit und Unkonventionalität	von konventionell und bedacht, das Richtige zu tun, über Zweckmäßigkeit bis zur Bereitschaft, vom Üblichen abzugehen, unbekümmert, was andere davon halten	Meine Devise: a) anfangen und probieren, es wird schon schiefgehen b) teils-teils c) erst einmal nachdenken, sich bloß nicht lächerlich machen
11. Unbefangenheit und Offenheit gegenüber Überlegtheit und Scharfsinn	von natürlich, unkompliziert und direkt bis überlegt, diplomatisch, kultiviert, berechnend, ausgekocht	Die nationale Verteidigungsmacht zu stärken, halte ich für klüger, als sich nur auf die internationale Verständigungsbereitschaft zu verlassen. a) stimmt b) teils-teils c) stimmt nicht
12. Zuversicht und Selbstvertrauen gegenüber Besorgtheit	von unbekümmert und schwer zu beeindrucken bis sorgenvoll und leicht zu entmutigen	Wenn ich mir Gedanken über einen unglücklichen Vorfall mache, schlafe ich schwerer ein. a) selten b) gelegentlich c) oft
13. Konservative Haltung und Sicherheitsinteresse gegenüber Veränderungsbereitschaft bis hin zum Radikalismus	von Beständigkeit und Risikovermeidung bis hin zur Bereitschaft zu widersprechen, zu verändern, Risiken einzugehen	Über die Möglichkeiten, wie man unsere Welt verändern müßte, damit sie besser funktioniert, denke ich gerne nach. a) stimmt b) teils-teils c) stimmt nicht

Merkmale	in den Dimensionen	überprüft durch Aussagen wie
14. Gruppenabhängigkeit gegenüber Eigenständigkeit	von konform und bereit sich anderen anzuschließen, bis hin zum Einzelgängertum, eigenbrötlerischem Verhalten	Mein Bürozimmer möchte ich mit niemandem teilen. a) stimmt b) unsicher c) stimmt nicht
15. Mangel an Willenskontrolle, Spontaneität gegenüber Selbstkontrolle	von spontan, unbeherrscht bis diszipliniert, zielstrebig, zwanghaft	Viele Menschen denken, daß meine Ansichten über Politik und Gesellschaft a) etwas außergewöhnlich b) teils-teils c) sehr vernünftig sind
16. Innere Ruhe und Ausgeglichenheit gegenüber Angespanntheit	von locker, entspannt bis ehrgeizig, nervös, gefrustet	Bei einem Test oder einer Prüfung bin ich vorher a) angespannt b) teils-teils c) ganz gelassen

Auswertung

Im einzelnen verstehen die 16-PF-Testautoren unter *Sachinteresse* gegenüber *Kontaktinteresse*,

- wenn man sich bei gleicher Arbeitszeit und gleichem Lohn eher für den Beruf des Zimmermanns oder Kochs als für den des Kellners entscheiden würde
- wenn man lieber Chemiker in der Forschung wäre als Geschäftsführer in einem Hotel
- wenn man lieber Mitglied in einem Fotoklub wäre als in einer Diskussionsgruppe.

Kontaktinteresse signalisiert, wer mit Leuten redet, damit diese sich wohlfühlen, und lieber Versicherungsagent ist als Landwirt.

Abstraktes gegenüber *konkretem Denkvermögen* beweist, wer begreift, daß sich Hund zu Knochen wie Kuh zu Gras verhält, heiß zu warm wie Berg zu Hügel und Flamme zu Hitze wie Rose zu Duft. Konkret und eher langsam ist, wer nicht darauf kommt, daß folgende Relation gilt: Besser verhält sich zu am schlechtesten wie langsamer zu am schnellsten.

Emotionale Stabilität zeichnet sich gegenüber *Labilität* dadurch aus, daß man ...

- selbstgesteckte Ziele im Privatleben erreicht
- bei beruflichen und privaten Entscheidungen nie auf mangelndes Verständnis von seiten der Familie stößt
- sich immer den Anforderungen des Lebens gewachsen fühlt
- nie Sachen macht, die schiefgehen.

Als emotional labil gilt, wer sich ein sichereres Leben wünscht, das mit weniger Schwierigkeiten aufwartet, oder wer gar sein Leben, wenn er es noch einmal zu leben hätte, anders planen würde.

Eher *Dominanzstreben* und *Selbstbehauptung* gegenüber *sozialer Anpassung* bis *Unterwürfigkeit* zeigt, wer ...

- in einer fremden Stadt geht, wohin es ihm beliebt
- glaubt, daß es ihm besser als anderen gelingt, Herausforderungen mutig zu begegnen
- spöttische Bemerkungen macht, wenn er glaubt, daß andere Leute sie verdient haben.

Sozial angepaßt ist jemand, der sich in einer Stadt verläuft und dann seinem Begleiter ohne zu murren folgt, obwohl er davon überzeugt ist, daß dieser den Weg auch nicht sicher weiß.

Wer öfter als einmal die Woche ausgeht, zeigt *Begeisterungsfähigkeit,* wer dagegen keinen Spaß dabei empfindet, Gäste einzuladen und sie zu unterhalten, zeigt *Besonnenheit,* die aber eher negativ interpretiert wird. Begeisterungsfähigkeit beinhaltet, einen Urlaub zu wählen, in dem viel unternommen wird, statt sich richtig zu entspannen.

Wer *Pflichtbewußtsein* demonstrieren will, fühlt sich von unordentlichen Menschen abgestoßen und ärgert sich über sie. Ein unaufgeräumtes Zimmer stört ihn, und er besteht darauf, daß moralische Vorgaben befolgt werden. Wer zu Hause ist, über Zeit verfügt und nichts Bestimmtes macht, außer sich zu entspannen, zeigt *Flexibilität.* Wer keine starke Abneigung gegen Unordnung empfindet, ebenso.

Selbstsicher wirkt, wer nicht verlegen reagiert, wenn er plötzlich zum Mittelpunkt der Aufmerksamkeit wird, und keine Mühe hat, mit Fremden ins Gespräch zu kommen. *Zurückhaltung* und *Schüchternheit* zeichnen denjenigen aus, der mit Fremden in öffentlichen Verkehrsmitteln nicht leicht ins Gespräch kommt oder sich Schwierigkeiten vorstellen könnte, wenn er vor fremdem Publikum eine Rede zu halten hätte.

Robustheit gegenüber *Sensibilität* ist dadurch charakterisiert, daß man im Fernsehen lieber eine nützliche und informative Sendung über neue Erfindungen anschaut als über einen bekannten Konzertkünstler. Auch einen Oberst halten die Testerfinder für robust im Gegensatz zu einem Bischof, der für Sensibilität steht. Wer gern elektrische Geräte repariert, ist also im Sinne des Tests robust, vielleicht sogar grobschlächtig, ein Kinderbuchautor dagegen intuitiv bis sensibel.

Wer nicht gut mit eingebildeten Leuten auskommt, vor allem, wenn sie prahlen, zeigt *Mißtrauen*. Wer die Aufrichtigkeit von Menschen bezweifelt, die freundlicher sind, als man erwarten könnte, ebenso. Wenn jemand das in ihn gesetzte Vertrauen enttäuscht, hat man keinen Grund, böse auf ihn zu sein – es sei denn, man möchte als mißtrauisch eingestuft werden. *Vertrauen* zeigt, wer glaubt, daß niemand es wirklich gern sehen würde, wenn man in Schwierigkeiten gerät. Wer sich nichts daraus macht, wenn man heimlich schlecht über ihn redet, demonstriert ebenfalls sehr viel Vertrauensseligkeit.

Phantasie hat, wer gerne bei einer Zeitung Kritiken über Dramen, Konzerte oder Opern schreiben würde oder sich vorstellen könnte, als Bewährungshelfer mit Haftentlassenen zu arbeiten. Wer aber glaubt, daß es für einen Mann wichtiger ist, ein gutes Familieneinkommen zu sichern, als sich Gedanken über den Sinn des Lebens zu machen, beweist *Nüchternheit* bzw. *Pragmatismus*. Wer Freunde mag, die tüchtig sind und praktische Interessen haben, statt sich ernsthafte Gedanken über ihre Lebenseinstellung zu machen, bekommt wieder einen Punkt auf der Pragmatismus-Skala. Zeitungsberichte über alltägliche Gefahren und Unfälle fesseln die Aufmerksamkeit eines Pragmatikers.

Offenheit signalisiert, wer lieber mit höflichen Menschen verkehrt als mit ungeschliffenen Personen. *Clever* ist derjenige, für den das Leben eines Tierarztes, der Tiere behandelt und operiert, nicht unbedingt erstrebenswert ist. Wer Scherze über den Tod geschmacklos findet, zählt ebenfalls zu den Cleveren, meinen die 16 PFler. Wer sich nicht bemüht, über Witze leise zu lachen, gehört zu den Offenen und Unbefangenen, die natürlich, unkompliziert und direkt sind. Wer nicht glaubt, mehr Glück als andere Menschen zu haben, ist schlau und zeigt Überlegtheit, besonders dann, wenn er immer Dinge tun kann, die ihm Spaß machen.

Durch *Selbstvertrauen* zeichnet sich aus, wer sich nicht entmutigt fühlt, auch wenn er von anderen kritisiert wird. Ebenso der, der nicht übergewissenhaft ist und sich keine Gedanken über zurückliegende Handlungen oder Fehler macht. *Besorgtheit* offenbart derjenige, der sich fürchtet, etwas falsch gemacht zu haben, wenn er zu seinem Chef oder Lehrer gerufen wird. Wer meint, daß seine Freunde ihn nicht so sehr brauchen wie er sie, macht auf die Tester ebenfalls einen besorgten Eindruck.

Sicherheitsdenken äußert sich in Statements wie

- Die Welt braucht mehr beständige und verläßliche Bürger
- Besser einen Arbeitsplatz mit festem und sicheren Gehalt
- Lieber sich auf bewährte Methoden verlassen
- Besser Hausmannskost als ausländische Speisen.

Veränderungsbereitschaft dokumentiert, wer ...

- auch als Jugendlicher bei seiner Meinung blieb, selbst wenn die anders war als die der Eltern
- gerne über Möglichkeiten nachdenkt, wie sich die Welt verändern müßte
- oft Menschen und deren Ansichten widerspricht.

Einzelgängertum zeichnet sich dadurch aus, daß man ...

- lieber etwas alleine aufbaut als mit anderen zusammen
- lieber Pläne alleine schmiedet
- lieber und leichter lernt durch das Lesen eines Sachbuches als durch Unterricht
- Bücher unterhaltsamer findet als Menschen.

Teamfähigkeit wird belegt durch

- Freude an gemeinschaftlichen Unternehmungen
- die Wahl, einen freien Abend gemeinsam mit Freunden bei einem Hobby zu verbringen
- die Entscheidung, eigene Probleme mit anderen zu besprechen.

Selbstkontrolle manifestiert sich darin, daß man alles plant und die Dinge nicht dem Zufall überläßt, daß man beim Ausgehen, Essen und Arbeiten überlegt und systematisch vorgeht (Wie ißt man »überlegt und systematisch«???). Wer beim Ausgehen, Essen, Arbeiten gern von einer Sache zur anderen wechselt, neigt zu *Spontaneität* (von den Kartoffeln zum Fleisch und zum Gemüse, ein Häppchen hier, ein Häppchen da ...). Selbstkontrolliert ist, wer sich nicht ablenken läßt und Einzelheiten nicht vergißt. Das gegenteilige Verhalten spricht angeblich dann für Spontaneität.

Angespannt wirkt, wer sich über verhältnismäßig kleine Rückschläge manchmal mehr als notwendig aufregt oder sich oft zu schnell über andere ärgert. Wer vor einem Test oder einer Prüfung gelassen bleiben kann, zeigt *Ausgeglichenheit.* Auch wer seine Gefühlsäußerung immer genau zu beherrschen weiß und sich für weniger reizbar hält als die meisten Menschen, dokumentiert Ausgeglichenheit.

FPI – Freiburger Persönlichkeits-Inventar

Nach den Angaben der Testautoren ist dieser Test lediglich für klinische Zwecke – also Beratungs- oder Therapiesituationen – entwickelt worden. Diese Tatsache kann Personalerforscher jedoch nicht davon abhalten, das Testverfahren auch Bewerbern zuzumuten.

Im Ein- und Anleitungsteil wird der »Ankreuzer« mit den Hinweisen eingestimmt: »Auf den folgenden Seiten finden Sie eine Reihe von Aussagen über bestimmte Interessen, Einstellungen und Verhaltensweisen. Jede einzelne können Sie entweder mit stimmt oder stimmt nicht beantworten. Bedenken Sie: Es gibt keine richtigen oder falschen Antworten, weil jeder Mensch das Recht zu eigenen Anschauungen hat. Antworten Sie in dem Sinne, wie es für Sie zutrifft. Dabei überlegen Sie bitte nicht, welche Antwort den besten Eindruck machen könnte.«

Gleich zu Beginn erwartet Sie die clevere suggestive Testaussage: Ich habe die Anleitung zu diesem Test gelesen und bin jetzt bereit, jeden Satz ganz offen zu beantworten (stimmt/stimmt nicht).

Was soll geprüft werden? Es geht um zwölf Persönlichkeitsmerkmale, die in der langen Testversion mit etwa 210 Testaussagen und in einer kürzeren mit gut der Hälfte abgetestet werden:

- Nervosität
- Aggressivität
- Depressivität
- Erregbarkeit
- Geselligkeit
- Gelassenheit
- Dominanzstreben

- Gehemmtheit
- Offenheit

Zusätzlich überprüfte Eigenschaften sind:

- Extraversion
- emotionale Labilität
- Maskulinität

Zum Persönlichkeitsmerkmal *Nervosität* versucht der Test mit mehr als 50 Aussagen, den Bewerber anhand von typischen psychosomatischen Beschwerdemustern auszuhorchen, z. B.:

- Ich leide unter einem empfindlichen Magen
- Manchmal verspüre ich Stiche im Brustbereich
- Ich kenne Schwierigkeiten mit dem Ein- bzw. Durchschlafen
- Bisweilen beginnt mein Herz unregelmäßig zu schlagen
- Manchmal habe ich Ohrensausen oder Augenflimmern
- Häufig sind meine Hände ausgesprochen zittrig.

Wer Aussagen zu körperlichem Unwohlsein und Krankheitssymptomen nicht konsequent mit »stimmt nicht« ankreuzt, wird in der Testauswertung schnell als »nervöser Charakter mit psychosomatischer Symptombildung« abgestempelt.

Aggressivität: Mit fast 80 Fragen soll das Aggressionspotential erfaßt werden. Ein wenig Aggressivität ist sicherlich erforderlich, um nicht als »Schlaffi« dazustehen, ein Zuviel davon läßt den Bewerber jedoch schnell als unüberlegt, impulsiv und unreif erscheinen:

- Es ist schon vorgekommen, daß mich Leute so ärgerten, daß es zu einer Schlägerei kam
- Als Kind habe ich bisweilen andere ganz gerne gequält
- Ich habe Freude daran, Blumen zu köpfen

Depressivität:

- Ich fühle mich selten unglücklich und bedrückt
- Dem Leben und seinen Schwierigkeiten fühle ich mich gut gewachsen
- Was andere Leute über mich denken könnten, beunruhigt mich
- Häufig grübele ich, z.B. über mein bisheriges Leben.

Mißgestimmt, grüblerisch, unsicher und unzufrieden ist nicht die gewünschte Charaktermischung für eine erfolgreiche Bewerbung.

Erregbarkeit: Keine Dimension, die es zu sehr auszubauen gilt, wenn man nicht als Choleriker abqualifiziert werden will. Sich andererseits als unterkühlt und temperamentlos darzustellen, birgt die Gefahr, als zu stumpf und wenig engagiert eingestuft zu werden:

- Ich fühle mich manchmal wie ein Pulverfaß – kurz vor der Explosion
- Insgesamt bin ich nicht leicht aufzuregen und eher ruhig.

Geselligkeit ist gut, wenn es um publikums- und eher verkaufsorientierte Berufe geht. Der Kontakt zum Mitmenschen steht bei vielen Firmen hoch im Kurs. Das Gegenteil davon beinhaltet die Gefahr, als weltfremder Einsiedler eingestuft zu werden:

- Im Freundschaftenschließen bin ich eher langsam
- Auch in Gesellschaft fühle ich mich oft alleine
- Die Mitreisenden interessieren mich weniger als die Landschaft, wenn ich verreise.

Gelassenheit:

- Ich finde es unerträglich, wenn andere sich über mich lustig machen
- Planung ist mir wichtiger als Handeln

Die Bejahung dieser und ähnlicher Feststellungen läßt Sie als zögerlichen, leicht irritier- und wenig belastbaren Menschen erscheinen. Gut gelaunt und aktiv, mit Selbstvertrauen ausgestattet, durch nichts aus der Ruhe zu bringen und damit ein attraktiver Bewerber mit hohem Punktwert in puncto Gelassenheit sind Sie, wenn Sie z. B. folgende Testaussage bejahen können:

- Durch eine Vielzahl von kleineren Störungen lasse ich mich nicht aus der Ruhe bringen.

Dominanzstreben:

- Wenn ein Hund nicht gehorcht, verdient er Schläge
- Lieber mal jemandem eins auf die Nase geben, als feige sein.

Wieviel Dominanz erforderlich ist, hängt auch vom Führungsstil (kooperativ oder autoritär) des jeweiligen Unternehmens ab. Wer sich nicht wehrt, lebt verkehrt, und wer bei Konflikten kneift, gilt als Duckmäuser, so wenn er folgende Feststellung befürwortet:

- Ehe ich mich streite, gebe ich lieber nach.

Gehemmtheit:

- Es ist mir unangenehm, wenn mir andere bei der Arbeit zugucken
- Insgesamt gesehen bin ich wohl eher ein ängstlicher Mensch
- In bestimmten Situationen fange ich auch mal zu stottern an.

Wer sich als zu gehemmt darstellt, wird als Führungskraft keine Chance bekommen. Gehemmtheit geht häufig einher mit geringem Dominanzstreben und geringer Kontaktfähigkeit. Als nicht gehemmt gilt, wer z. B. folgende Aussage bejahen kann:

- Bei schlechter Essensqualität beschwere ich mich im Restaurant beim Kellner oder Geschäftsführer.

Offenheit (Lügenfalle): Wer immer die Wahrheit sagt und wessen Benehmen angeblich zu Hause genauso gut ist wie in Gesellschaft, der wird schnell als Lügner überführt. Mit etwa 20 Testaussagen versucht man, sich der Ehrlichkeit des Ankreuzers zu vergewissern:

- Manchmal schiebe ich auf, was ich besser sofort tun sollte
- Manchmal bin ich schadenfroh
- Bisweilen gebe ich ein bißchen an
- Gelegentlich erzähle ich auch mal eine Lüge
- Als Kind habe ich manchmal genascht.

Wer hier nicht »stimmt« ankreuzt, verrät sich bei diesen Dann-und-wann-manchmal-bisweilen-Geständnissen als Lügner. Es gibt kleine Sünden, über die man sich nicht als erhaben bezeichnen sollte.

Auf die oben aufgeführten zusätzlichen Persönlichkeitseigenschaften (*Extraversion* = gute Kontaktfähigkeit u. ä.; *emotionale Labilität* = depressives Verhalten, psychosomatische Symptome; *Maskulinität* = leidenschaftlicher Jäger sein, sich prügeln können, keine weichen Knie oder Schreckhaftigkeit kennen) wurde bereits im Zusammenhang mit den Hauptfragegebieten ausführlich eingegangen.

Hier noch eine kleine Auswahl von weiteren Testfeststellungen:

- Abends gehe ich gerne aus
- Freundschaften schließe ich nur sehr langsam
- Wenn man mich schlägt, schlage ich nur sehr selten zurück
- Über einen unanständigen Witz kann ich bisweilen auch lachen
- Über die Dinge, von denen ich manchmal träume, erzähle ich anderen besser nichts
- Innere Leere und Teilnahmslosigkeit sind Gefühle, die ich bisweilen bei mir schon erlebt habe

- In einen Raum hineinzugehen, in dem bereits andere Leute zusammensitzen und sich unterhalten, fällt mir immer schwer
- Oft habe ich einen trockenen Mund
- Nicht immer sage ich die Wahrheit
- Wenn mich eine Fliege stört, kann ich erst zufrieden sein, wenn ich sie gefangen habe
- Fremden nie zu vertrauen, lautet mein Motto
- Des öfteren habe ich Blähungen
- Bisweilen bin ich unpünktlich
- Schreit mich jemand an, schreie ich zurück
- Manchmal habe ich Phantasien, was meinen Widersachern alles zustoßen könnte
- Für einen guten Zweck würde es mir leicht fallen, andere Menschen um eine Spende zu bitten
- Manchmal muß ich mich für die Gedanken, die ich habe, schämen
- Oft spreche ich Drohungen aus, die ich eigentlich gar nicht so ernst meine.

MMPI – Meine Seele verläßt manchmal meinen Körper

Sollte Ihnen als Bewerber der MMPI vorgelegt werden, ein Persönlichkeitstest, der sich schon durch seinen Umfang von über 560 Testfeststellungen auszeichnet, befinden Sie sich in den Händen besonders skrupelloser Testanwender und sollten daraus Ihre Konsequenzen ziehen.

Aussagen wie »Manchmal verläßt meine Seele meinen Körper«, »Wegen meines sexuellen Verhaltens hatte ich niemals

Unannehmlichkeiten«, »Ich habe mir immer gewünscht, ein Mädchen zu sein« (falls Sie eines sind: »Es hat mir nie leid getan, daß ich ein Mädchen bin«) oder »Ich habe Angst, den Verstand zu verlieren« sollen dazu dienen, sich der Persönlichkeit eines Bewerbers zu nähern. Auch hier empfehlen wir Ihnen eine Strafanzeige gegen die Anwender.

Sollten Sie sich doch dazu entschließen, Ihre Persönlichkeit auf

- Hypochondrie (Wehleidigkeit)
- Depression (Interessenlosigkeit, mangelndes Selbstvertrauen)
- Hysterie (u.a. mangelnde Belastbarkeit mit der Neigung, bei psychischen Problemen mit körperlichen Symptomen zu reagieren)
- Paranoia (Verfolgungswahn), Psychasthenie (Konzentrationsschwäche, Entscheidungsschwierigkeiten, Zwangshandlungen)
- Schizoidie (Kontaktarmut, bizarre Denkweise)
- Psychopathie (soziale Unangepaßtheit)
- Hypomanie (Hektik, Unzuverlässigkeit, Sprunghaftigkeit)
- soziale Introversion (Unsicherheit, Kontaktscheue)
- Maskulinität bzw. Femininität (Abweichung vom Geschlechtsverhalten)

untersuchen zu lassen, dann überlegen Sie sich gut, wie Sie antworten.

Natürlich kann man keinem empfehlen, sich für einen »verdammten Menschen« oder für einen »Sendboten Gottes« zu halten, beides Testaussagen aus dem MMPI, die bei dieser Ankreuzung Ihren entsprechenden Geisteszustand dokumentieren. Es fängt mit ganz harmlosen Aussagen an wie:

- Ich lese gerne technische Zeitschriften (stimmt/stimmt nicht)

- Ich habe einen guten Appetit
- Morgens wache ich meist früh schon ausgeruht auf

und geht dann mit obskuren Testaussagen weiter wie:
- Manchmal bin ich von bösen Geistern besessen
- Alles trifft so ein, wie die Propheten es in der Bibel vorausgesagt haben
- Ich glaube, man spioniert mir nach
- Ich glaube, jemand versucht mich zu vergiften
- Ich glaube, daß meine Sünden nicht vergeben werden können.

Dieser Fragebogen ist eine Provokation. Es ist noch nicht lange her, da gab es einen Skandal in Niedersachsen, weil angehende Justizvollzugsbeamte und Hunderte von Häftlingen mit diesem Test untersucht wurden. Der niedersächsische Justizminister hat den Testeinsatz untersagt.

Sind auch eine ganze Reihe von Fragen so leicht durchschaubar bzw. dermaßen abstrus, daß sich eine weitergehende Besprechung erübrigt, so gibt es einige, die speziell im Hinblick auf die Bewerberauswahl interpretiert werden können:
- Ich wäre ein guter Menschenführer, wenn man mir Gelegenheit dazu gäbe
- Ich vertrete eine feste politische Meinung
- Bei Wahlen stimme ich manchmal für Leute, die ich eigentlich zu wenig kenne
- Ich wäre gern Mitglied in mehreren Vereinen.

Wer hier zustimmt, entwirft ein Bild von seiner Persönlichkeit, das positiv in Richtung Führungsqualität und Dominanzstreben interpretiert wird. Das Gegenteil erzielt man, wenn man ...
- in der Schule Schwierigkeiten hatte, vor den Klassenkameraden zu sprechen

- glaubt, nicht das richtige Leben geführt zu haben
- in der Gesellschaft oft Mühe hat, den richtigen Gesprächsstoff zu finden
- Konzentrationsschwierigkeiten hat
- meint, zuwenig Selbstvertrauen zu haben
- hinterher oft bereut, etwas getan zu haben
- sich unverstanden fühlt
- als Kind am meisten eine Frau bewunderte (Mama ...)
- niemandem einen Vorwurf machen möchte, der alles im Leben mitnehmen will.

Durchsetzungsfähigkeit und Selbstsicherheit gehören ebenso zu den gesuchten und gewünschten Führungsqualitäten. Wer sich ...

- wünscht, nicht so schüchtern zu sein
- beklagt, zu wenig Selbstvertrauen zu haben
- eingesteht, oft dagegen anzukämpfen, die Schüchternheit nicht zu zeigen,

bringt sich in die Gefahr, in den Augen der Testdeuter als unsicher, labil und gefügig zu gelten.

Kooperationsbereitschaft und eine positive Einstellung zur sozialen Umwelt deutet man an, indem man folgenden Aussagen nicht zustimmt:

- Ich nehme mich in acht, wenn Leute freundlicher sind, als ich es erwarte
- Wenn mir jemand etwas Gutes tut, frage ich mich, welche Hintergedanken derjenige haben könnte
- Die meisten Leute schließen Freundschaften, da ihnen diese Freunde nützlich sein können
- Die meisten Leute sind nur ehrlich, weil sie Angst vor dem Erwischtwerden haben.

Seien Sie auf der Hut bei allen Fragen, die Schuldgefühle, Unsicherheiten des eigenen Verhaltens, Schüchternheit oder Selbstkritik ansprechen. Hier droht ein Punktverlust, verbunden mit übelster Interpretation Ihres Charakters, wenn Sie arglos antworten, was Ihnen in den Sinn kommt.

Die Lügenfallen dieses Tests sind besonders raffiniert. In mehreren Analyse-Verfahren beschäftigt man sich mit der Ehrlichkeit des Beantworters. Beim MMPI sorgen dafür die sog. K- und L-Skalen (Korrektur- und Lügenskalen). Mit fast 50 Testaussagen versucht man, dem Beantworter ein Bein zu stellen.

Aufgepaßt bei einschränkenden Formulierungen wie: »manchmal«, »dann und wann«, »ab und zu«, »gelegentlich«. Wer hier alles abstreitet, macht sich verdächtig. Bei sozial unerwünschtem, aber häufig anzutreffendem Verhalten oder bei sozial erwünschtem, aber sehr seltenem Verhalten überführt man den lügenden Beantworter. Um ehrlich zu erscheinen, sollte man eingestehen,

- manchmal wütend zu sein
- ab und zu schlechte Laune zu haben
- gelegentlich zu fluchen
- nicht jeden Tag alle Leitartikel der Zeitung zu lesen
- gelegentlich Arbeiten auf morgen zu verschieben, die heute getan werden müßten.

Zum Abschluß dieses »Horrorkapitels« der Testerei noch einige abenteuerliche Testaussagen aus dem MMPI:

- Es ist etwas mit meinen Geschlechtsorganen nicht in Ordnung
- Manche Tiere machen mich nervös
- Blut in meinem Urin habe ich nie festgestellt
- Schiller war meiner Meinung nach bedeutender als Goethe
- Ich habe Lust, in Afrika Löwen zu jagen.

Auch wenn Ihnen diese Testaussagen nicht vorgelegt werden, sondern die etwas moderateren, wie

- Vorträge über ernste Themen höre ich gern
- Ich nehme nie Medikamente ohne eine ärztliche Verordnung
- Polizisten sind meiner Meinung nach gewöhnlich ehrliche Menschen,

so wird die negative Grundstimmung des MMPI-Tests in der Regel gegen Sie gewertet. Diesem Test sollten Sie sich unbedingt verweigern.

Motiv: Motivation

Von vielen Teilnehmern an Einstellungstestverfahren der Bayerischen Vereinsbank bekamen wir Berichte über einen merkwürdigen Persönlichkeitstest: Mehrere Dias mit Darstellungen von unterschiedlichen graphischen Figuren werden den Bewerbern mit der Entscheidungsaufgabe präsentiert: Welches Bild gefällt Ihnen besser?

In einer zweiten Diaserie werden – dargestellt durch ein Strichmännchen – Vorher/Nachher-Situationen gezeigt: So sieht man z. B. ein Männchen, das auf dem einen Bild einen Zaun streicht; auf dem anderen ist zu sehen, wie es den fertig gestrichenen Zaun in stolzer Pose von einem anderen Strichmännchen bewundern läßt.

Oder: Bild A zeigt ein Strichmännchen, am Schreibtisch mit vielen Papieren arbeitend, und Bild B ein zufriedenes Strichmännchen, das sich nach getaner Arbeit ausruht. Auch hier wird die gleiche Frage gestellt (Welches Bild gefällt Ihnen besser?).

Zugegeben, die genauen Auswertungskriterien dieser Vereinsbank bei dem hier beschriebenen Test sind uns nicht im einzelnen bekannt. Wir können uns aber durchaus vorstellen, daß eine Chance, ungeschoren davonzukommen, darin besteht, sich vorsichtig und bedeckt zu verhalten und weder das eine noch das andere Extrem (also vorher = Bild A = z. B. bei der Arbeit bzw. nachher = Bild B = Situation der fertiggestellten Arbeit, Erholungs-, Bewunderungssituation) zu häufig anzukreuzen.

Nach unseren Informationen handelt es sich nicht um einen klassischen oder wissenschaftlich diskutierten Test. Man kann sich aber vorstellen, daß es hier um Motivation und Leistungsbereitschaft geht und daß Bewerber, die zu oft im Sinne einer sozial erwünschten Haltung entscheiden (= zu viel arbeitsorientierte Bildchen ankreuzen), sich genauso verdächtig machen wie Bewerber, die ständig Bildchen mit Bewunderungs- oder Entspannungssituationen ankreuzen.

Satzergänzungs-Tests

Eine besondere Art von Persönlichkeitstest, die häufig unter dem Deckmäntelchen der Kreativitätsüberprüfung präsentiert wird, ist der sogenannte Satzergänzungs-Test. Man gibt Ihnen Satzanfänge und bittet Sie, den unvollständigen Satz nach Ihren Vorstellungen zu beenden, z. B.:

- Ich möchte gerne ...
- Ich fürchte ...
- Andere Leute sind ...
- Ich mag es nicht, wenn ...
- Ich wollte schon immer ...

Egal, wie diese Sätze anfangen, ob mit einem Personalpronomen (Ich, Wir, Es ...) oder halbformuliert wie eben aufgeführt bzw. stärker ausformuliert wie:

- Vorgesetzte sind immer...
- An meinen Kollegen mißfällt mir in der Regel, daß ...,

es geht darum, Ihnen Gedanken, Statements, Meinungen etc. zu entlocken, die dann entsprechend interpretiert werden. Daß Sie sich eigentlich weigern sollten, dieses unseriöse Verfahren mitzumachen, ist eine Empfehlung – wenn auch in der Zwangssituation Bewerbung oftmals nicht realisierbar. Auch wenn es scheinbar um andere Personen geht, wie z. B.:

- Karl ist immer ...
- Hans fürchtete sich besonders ...
- Marion mag es, wenn man ...

– immer wieder handelt es sich dabei um Sie, d. h., die Vervollständigung des Satzes soll Rückschlüsse auf Ihre Persönlichkeitsstruktur ermöglichen.

Biographische Fragebögen

Mit der vermeintlich harmlosen Aufforderung »Wir haben hier noch einige Fragen an Sie. Bitte füllen Sie doch gleich mal unseren Personalfragebogen aus ...« wird dem ahnungslosen Bewerber oft suggeriert, er sei seinem Ziel, eingestellt zu werden, einen großen Schritt näher. Neben den persönlichen Daten (Name, Adresse, Alter, Bildungsabschlüsse, Schuhgröße usw.) werden überwiegend Fragen zu folgenden Bereichen gestellt:

- Ursprungsfamilie (Größe, Ausbildung und Beruf der Eltern)
- eigene Familie (Größe, Alter der Kinder, Ausbildung und Beruf des Partners)

- Kindheit/Jugend (elterlicher Erziehungsstil, prägende Erfahrungen)
- schulischer Werdegang (geliebte/ungeliebte Fächer, Leistungen, Anpassung an Lehrer/Mitschüler)
- Ausbildung (Berufswahl, Ausbildungsschwerpunkte, Gründe für evtl. Fehlleistungen)
- Arbeits-/Berufserfahrung (Gründe für Arbeitsplatzwahl, besondere Kenntnisse/Fähigkeiten, Häufigkeit von Arbeitsplatzwechseln, Gründe und zeitlicher Verlauf)
- Freizeitgestaltung/Interessen (Hobbys, soziales Engagement, außerberufliche Aktivitäten)
- Selbsteinschätzung (besondere Stärken und Schwächen, Gründe für Fehl- und Rückschläge, Entwicklungs- und Verbesserungschancen)
- Lebensziele (berufliche und persönliche Ziele, auch für die Kinder, optimistische/pessimistische Zukunftseinschätzung)

Aber auch Fragen, die Sie angeblich ganz frei beantworten können – z. B. in Form eines Kurzaufsatzes –, haben es oft in sich. Dazu folgende Beispiele:

- Welche Menschen bewundern Sie am meisten (bitte Namen nennen)?
- Nennen Sie einige von Ihnen bevorzugte Bücher!
- Welches sind Ihrer Meinung nach die größten Mißstände:
  a) in der Welt
  b) in Ihrem Land
  c) in der Stadt, in der Sie wohnen
  d) in dem Unternehmen, in dem Sie derzeit arbeiten?
- Welchen Beruf würden Sie wählen, wenn Sie ohne Rücksicht auf Gehalt und Vorbildung frei wählen könnten?
- Welches Berufsziel haben Sie sich gestellt, und was wollen Sie in zehn Jahren erreicht haben?

Recht beliebt sind auch umfangreiche Personalfragebögen, die oftmals vorab von Personalberatungsgesellschaften, aber auch von den Firmen selbst verschickt werden, die mit Großanzeigen auf ihre Stellenangebote aufmerksam machen. Dabei handelt es sich um Sammlungen von Hunderten von Fragen oder zu bewertenden Statements, die ähnlich wie z. B. die Persönlichkeitstests 16PF oder MMPI darauf abzielen, an Informationen über den Bewerber heranzukommen. Häufig wird dem so Ausgefragten gar nicht bewußt, daß es sich hier um einen Persönlichkeitstest handelt und er mit dem Ausfüllen ein ganz spezifisches Persönlichkeitsbild von sich preisgibt.

Hier ein Auszug aus einem Personalfragebogen, der einem Bewerber um eine Ausbildung als Betriebswirt vorab zugesandt wurde – 150 Fragen auf 17 Seiten.

Bei meiner Bewerbung ist mir wichtig (jeweils Ja/Nein ankreuzen):

- Sicherheit ist mir wichtiger als Arbeitsinhalte (Ja/Nein)
- Karriere ist mir wichtiger als Fachinteresse
- Verdienst ist mir wichtiger als selbst Ideen umsetzen zu können
- Der Arbeitsinhalt ist mir wichtiger als der Verdienst
- Meine Karriere ist mir wichtiger als ein gutes Arbeitsklima
- Mein Verdienst ist mir wichtiger als die Freude an der Arbeit
- Fachinteresse ist mir wichtiger als das Image der Firma
- Eigene Ideen umsetzen zu können, ist mir wichtiger als Karriere
- Das Image des Arbeitgebers ist mir wichtiger als meine fachliche Weiterentwicklung

Weiter geht es mit Fragen zu Freizeitaktivitäten (jeweils anzugeben: sehr wichtig/eher wichtig/eher unwichtig/unwichtig):

- Bücher lesen
- fernsehen
- alleine sein
- mit Freunden zusammensein
- Sport treiben
- anderen helfen
- mit anderen Wettkämpfe austragen
- spazierengehen
- Zeitschriften lesen
- gemeinsame Probleme mit Freunden diskutieren
- Probleme diskutieren, die Freunde haben
- mit Freunden über Probleme diskutieren, die man selbst hat

Dann wird es immer persönlicher. Unter dem Stichwort »Selbstbeschreibung« heißt es:

- Welche Art des Denkens haben Sie?
  a) ausschließlich eher rational und logisch
  b) meistens eher logisch
  c) teils gefühlsbetont – teils logisch
  d) meistens eher gefühlsbetont
  e) ausschließlich eher gefühlsbetont

- Wenn Sie sich völlig neuen Situationen gegenübersehen, welchen Grad von Unsicherheit verspüren Sie?
  a) sehr starke Unsicherheit
  b) etwas Unsicherheit
  c) teils – teils
  d) eher Sicherheit als Unsicherheit
  e) sehr große Sicherheit

- Wenn ich mir mal was vornehme, dann
  a) gelingt es mir meistens so gut wie anderen Menschen auch

b) führe ich die Dinge selten so gut zu Ende, wie ich es mir vorgestellt hatte
c) bemerke ich häufig, daß ich mir einfach zu viel vorgenommen habe, und gebe schließlich auf
d) gelingt mir das meist besser als anderen Menschen.

Es folgt eine Liste von 25 Aussagen zur Person des Bewerbers, die jeweils zu bewerten sind (stimmt/stimmt mit Einschränkungen/stimmt eher nicht/stimmt nicht). Hier einige Beispiele:

- Ich bin anpassungsfähig
- Ich bin geduldig
- Ich würde lieber etwas Neues erfinden, als etwas Bestehendes zu verbessern
- Auch bei Schwierigkeiten fällt mir immer wieder etwas ein
- Im Umgang mit Autoritäten bin ich vorsichtig
- Ohne entsprechende Befugnisse handle ich nicht
- Ich bevorzuge es, daß sich Veränderungen langsam vollziehen
- In der Regel arbeite ich ruhig und gleichmäßig
- Ich bin beständig
- Ich bin gründlich
- Ich passe mich bereitwillig an
- Oft riskiere ich, eingefahrene Wege zu verlassen
- Für Dinge, die unter meiner Kontrolle sind, setze ich mir selbst strenge Regeln
- Mein Verhalten ist kalkulierbar

Diese Vorab-Persönlichkeitstests in der Verkleidung eines scheinbar harmlosen Fragebogens verstoßen nicht nur gegen die guten Sitten, sondern stellen juristisch gesehen einen unzulässigen Eingriff in die per Grundgesetz geschützte Privatsphäre dar. Bei einem potentiellen Arbeitgeber, der sich Ihnen als Bewerber gleich zu Anfang auf diese Weise präsentiert, ist Vorsicht angezeigt.

Hier noch ein Kurzbeispiel für einen Persönlichkeitstest, wie er z. B. in einem Assessment Center (AC) gern eingesetzt wird. Der Kandidat berichtet:

Am Ende des zweiten AC-Tages bekamen wir es mit einem klassischen Persönlichkeitstest in Papier-und-Bleistift-Form zu tun. Mit etwa 190 Entscheidungsaussagen versuchte man, unser Seelenleben zu durchleuchten. Ich sollte ankreuzen, welche Behauptung/Aussage jeweils für mich zutraf, z. B.:

- Wenn man mein Vertrauen enttäuscht, dann
  a) bin ich bereit, sofort zu verzeihen
  b) teils-teils
  c) werde ich sehr böse

- Von Freunden im Stich gelassen zu werden, ist mir
  a) ziemlich häufig passiert
  b) manchmal
  c) kaum jemals passiert

- Ich fände es interessanter, in einer Fabrik verantwortlich zu sein für
  a) die Auswahl und Einstellung neuer Mitarbeiter
  b) weiß nicht
  c) für Maschinen oder die Buchhaltung

- In einem kleinen, engen Raum, z. B. in einem überfüllten Aufzug, habe ich schnell das Gefühl, eingesperrt zu sein.
  a) gelegentlich
  b) selten
  c) nie

- Ich würde mein Leben, wenn ich es noch einmal zu leben hätte,
  a) mir genauso wünschen
  b) weiß nicht
  c) ganz anders planen

- Wenn ich die Wahl hätte, wäre ich lieber
  a) ein Wissenschaftler in der Forschung
  b) teils-teils
  c) ein Manager mit vielen Besprechungen

- Ich rede mit den Leuten nur,
  a) wenn ich etwas zu sagen habe
  b) teils-teils
  c) damit die sich wohl fühlen können

- Wenn man mir freundlicher begegnet, als ich eigentlich erwartet habe, zweifle ich an der Echtheit dieser Freundlichkeit.
  a) stimmt
  b) teils-teils
  c) stimmt nicht

- Wenn Leute eine moralisch überlegene Haltung demonstrieren, regt mich das auf.
  a) nein
  b) teils-teils
  c) ja

Auflösung siehe S. 115-117.

Der Baumtest nach Karl Koch

Mit zu den übelsten und antiquiertesten Persönlichkeitstestverfahren, die Ihnen in Ihrem Bewerbungs- und Arbeitsleben zugemutet werden könnten, gehören die sog. Baum- und Farbtests. Was ist darunter zu verstehen?

Die Testinstruktion lautet, einen Baum bzw. Obstbaum zu zeichnen. Zeichnen Sie ihn, aber ohne Obst, und wenn, dann nur mit bereits herabgefallenem. Diese Anmerkung ist ernst zu nehmen: Bäume mit herabgefallenem Obst wurden laut Testhandbuch vereinzelt von Menschen gemalt, die bald nach der Testdurchführung starben. Vielleicht verzichten Sie also besser auf das Fallobst.

Der Stamm sollte möglichst gerade gezeichnet sein, weder nach links (Hinweis auf Mutterbindung) noch nach rechts (Mißtrauen), die Krone hochstrebend, der Stamm eher kurz, rechts ein wenig breiter ausladend, was angeblich auf Selbstbewußtsein schließen läßt.

Wollen Sie den Eindruck verstärkter Disziplin und technischer Begabung bei diesem Test hervorrufen, empfiehlt sich möglicherweise ein Spalierbaum. Natürlich werden auch die Zweige interpretiert: Sind sie kräftig und von gleichbleibender Stärke, so deutet das angeblich auf Ehrgeiz und Ausdauer hin, wollen Sie einen kreativen Eindruck machen, sind Röhrenäste, am Ende offen (also ohne Spitze), zu empfehlen. Bitte nirgendwo Beulen oder Einschnürungen einzeichnen, denn dies könnte auf Affektstauung oder Verkrampfung hinweisen. Kerben, Stümpfe oder Kröpfe sind nur bei Amputationen oder chronischen Leiden des Zeichners gerechtfertigt.

Eine feine Verästelung ist ein sicheres Anzeichen von Feinnervigkeit. Wollen Sie ihren Tester total verblüffen, ist die Andeutung eines Frontalastes zu empfehlen, der aus der Mitte des Stammes hervorsprießt und die dritte Dimension andeutet.

Dieses Merkmal verrät eine ganz außerordentliche Begabung und Originalität, hohen Mut, besonderes Selbstvertrauen und wird – so beklagt jedenfalls das Testhandbuch – nur höchst selten beobachtet.

Vorsicht mit Schattierungen (Depressionsgefahr), und auch Vögel oder Vogelhäuser lassen eher auf spaßigen Übermut deuten, der vielleicht nicht angemessen ist. Zeichnen Sie eine wellige Bodenlinie, ein paar Grashalme, aber keine ganze Landschaft, ein wenig Wurzeln, aber sparsam, denn reiches Wurzelwerk könnte Haltlosigkeit, ja sogar Alkoholismus oder gar Geisteskrankheit verraten.

Der Lüscher-Farbtest

Nicht besser, aber dafür um so beliebter sind die sog. Farbtests nach Professor Lüscher. Daß Rot für Liebe steht und Gelb für Neid, haben Sie ja vielleicht schon einmal gehört. Ärgern Sie sich nicht grün und blau, wenn Ihnen dieser bizarre Lüscher-Farbtest vorgelegt wird. Aufgrund einer Ihnen dargebotenen Farbskala werden abenteuerliche Aussagen über Sie und Ihre Persönlichkeit gemacht.

Der Test läuft so ab: Ihnen werden verschiedenfarbige Karten gegeben (rot, gelb, blau, grün, braun, violett, grau und schwarz). Dann werden Sie aufgefordert, diese Farbkarten in eine Rangfolge zu bringen (diese Farbe mag ich am liebsten, die gefällt mir am zweit-, drittbesten usw. und die zuletzt genannte eben überhaupt nicht). Obwohl sogar von der sogenannten Test-Wissenschaft verachtet, wird dieses Verfahren sehr häufig von Laien eingesetzt, weil es in seiner Handhabung und Auswertung ausgesprochen einfach ist. Auch der aufgeforderte

Testkandidat vermutet nicht gleich Böses, wenn er mal seine Lieblingsfarben preisgibt.

Der gute »Farb-Professor« Lüscher (der Titel sollte nicht als Qualifikationsnachweis gesehen werden) sieht die menschliche Persönlichkeit durch vier Hauptmerkmale gekennzeichnet:

- Angriff
- Verteidigung
- Flucht
- Unterwerfung

Und so weist er der Farbe Rot eine autonom-aktive Rolle (Angriff) zu, Grün eine autonom-passive (Verteidigung), Gelb eine heteronom-aktive (Flucht) und Blau eine heteronom-passive (Unterwerfung). Angriff und Eroberung werden also durch die Farbe Rot repräsentiert, dagegen Selbstbehauptung durch die Farbe Grün. Diese nach Lüschers Farbkonzept als »autonom« gekennzeichneten Farben betonen Selbstbestimmung und Initiative und sollten, wenn es sich nicht vermeiden läßt und Sie diesen Test machen müssen, zu Ihren Lieblingsfarben gehören. Hüten Sie sich, die Farben Violett, Braun, Schwarz und Grau zu weit nach vorn, das heißt auf den ersten vier Rangpositionen zu plazieren, denn sonst wird Ihnen möglicherweise ein übler Charakter bescheinigt.

Noch schnell zu den übrigen Farben: Gelb steht für Zukunft, Veränderung, aber auch für die Aufgeschlossenheit etwas Neuem gegenüber. Blau betrifft das Gemüt. Zu warnen ist vor Grau, es sei denn, Sie wollen als völlig empfindungslos dastehen, oder Braun, womit Sie sich als Faulpelz mit starkem Erholungs- und Behaglichkeitsbedürfnis präsentieren. Mit Schwarz bringen Sie einen trotzigen Protest zum Ausdruck, und mit Violett vermitteln Sie Homosexualität oder Schwangerschaft.

Sollte Ihnen ein Arbeitgeber diesen Farbtest zumuten, empfehlen wir Ihnen für den Fall einer Absage, Anzeige zu erstatten – mit dem Hinweis, daß Ihnen erst jetzt klargeworden sei, welcher Erniedrigung Sie sich haben unterziehen müssen. Vor Gericht sind die Chancen nicht schlecht, in einem Schadenersatzprozeß Recht zugesprochen zu bekommen.

Handschriftentests / Graphologie

Hier geht es um Ihre Handschrift. Oftmals wird schon im Vorfeld der Bewerbung ein handgeschriebener Lebenslauf oder explizit eine Handschriftenprobe verlangt.

Schlechte Schrift gleich schlechter Charakter, so die landläufige Meinung. Manche Personalmenschen spielen sich gerne als kompetente Graphologen auf. Sie lassen die Bewerber-Schriftzüge auf sich wirken und versuchen dann, das Formniveau zu erfassen. Dabei geht es um die Verteilung des Geschriebenen auf dem Blatt, den Rhythmus der Schriftzüge, das Auf und Ab, den Pulsschlag der Schreibbewegungen und die Zwischenräume. Man unterscheidet zwischen hohem, mittlerem und niedrigem Formniveau und glaubt an den Grundsatz: Je höher das Formniveau, desto harmonischer der Charakter des Schreibers.

Andere glauben, aus dem Grad der Leserlichkeit das Verhältnis des Schreibers zu seiner sozialen Umwelt herausinterpretieren zu können (jetzt wissen wir, warum Ärzte oft eine so furchtbare Handschrift haben). Da gibt es auf der einen Seite Weltoffenheit und -gewandtheit, Sinn für die Realität des Lebens, Anpassungsbereitschaft und Fähigkeit zur Teamarbeit, auf der anderen Seite besteht die Gefahr des Schematismus, der

Schablonenhaftigkeit, der konventionellen Oberflächlichkeit, des Formalismus und der Pedanterie.

Ordentliche Schrift ist gleich ordentlicher Charakter und damit Eignung für ordnende Berufe, so folgert man. Wenn es um andere Berufe geht, darf's auch etwas origineller bzw. egozentrischer sein (= schwerer lesbar) – so das kleine Einmaleins der Bewerberauslese-Graphologie. Alles ist eben relativ, und dies gilt für die Interpretation der Handschrift um so mehr.

Und noch ein Hinweis der Schriftgelehrten zum Verhältnis von Unterschrift zur Normalschrift: Die Unterschrift, eine Art Schutzmarke unseres Selbst, entwickelt sich mit der übrigen Textschrift und nimmt nach Erreichen der Reife (welche?) ihre Sonderform an. Sie ist gleichsam ein Werbeplakat der eigenen Persönlichkeit und läuft Gefahr, zum Spielball aller Geltungs-, Eitelkeits- und Selbstdarstellungsbedürfnisse zu werden. Klar, daß die Graphologen hieraus Rückschlüsse auf das Selbstwertgefühl ziehen.

Ist also die Unterschrift größer als der Normaltext (Normaltext = Normalschrift als Ausdruck des Normalcharakters), so ist das Selbstwertgefühl stärker, als normalerweise zugegeben wird. Im umgekehrten Falle (kleinere Unterschrift) gibt sich der Schreiber bescheidener, als er möglicherweise ist. Je deutlicher man seinen Namen ausschreibt, desto klarer – glauben die Interpreten – seien Wesen und Ausdruck des Schreibers. So einfach ist das also. Und weil zehn Graphologen auf der Basis von ein und derselben Handschrift zehn verschiedene Gutachten über dieselbe Person liefern, kann man sicher mit Recht diese Art der Bewerberauslese anzweifeln. Nachfolgend eine Übersicht über die Standardinterpretation der Grundformen der Handschrift:

- Winkel (eckig): willens- und verstandesausgerichtet
- Girlande (kurvig): gefühlsbetont, verbindlich

- Arkade (bogenartig): zurückhaltend bis verschlossen, förmlich
- Fadenduktus (unbestimmte Schreibform): anpassungs- und wandlungsfähig

Seine Handschrift zu verstellen, ginge nun wirklich zu weit. Aber vielleicht erkundigen Sie sich mal, ob der handschrifttestende Betrieb andere Entscheidungsfindungen vielleicht mittels dubioser Verfahren wie beispielsweise dem Baum-Test herbeiführt.

Der DAP (Draw a person)-Test – Die Kastrationsangst der Nase

Zeichnen als künstlerischer Ausdruck der Seele, mit diesen Worten könnte man die Konzeption des DAP-Tests knapp beschreiben. Dieser Test, der in den 20er Jahren als Intelligenztest für Kinder in den USA entwickelt wurde, wird in seiner Variante für Erwachsene hierzulande auch bei Personalentscheidungen eingesetzt, um eventuelle Schwachpunkte im Charakter der Bewerber zu enthüllen.

Die Testpersonen werden aufgefordert, einen Menschen zu zeichnen. Das Ergebnis wird von den DAP-Auswertern unter psychoanalytischen Aspekten unter die Lupe genommen. Der Proband wird dabei, ohne es zu wissen, nach seinen Ängsten, Aggressionen, Depressionen, sexuellen Neigungen oder seelischen Konflikten durchleuchtet. Die Auswertung der Bilder erfolgt mit Hilfe eines speziell entwickelten Handbuchs [2], in dessen Interpretationsspielraum ein »normaler« Durchschnittsmensch erst gar nicht existiert.

Hier die wichtigsten Aspekte, die bei der zeichnerischen Darstellung des Menschen berücksichtigt werden sollten:

- Versuchen Sie, in ca. 10 Minuten ein nicht allzu detailliertes und richtig proportioniertes Bild entstehen zu lassen.
- Beginnen Sie mit Ihrer Zeichnung knapp über der Mitte des Papiers, dies wird als Optimismus interpretiert; die daraus resultierende Größe der Figur läßt auch auf ein gesundes Selbstbewußtsein rückschließen.
- Zeichnen Sie stets eine Person des eigenen Geschlechts, ansonsten wird an Ihrer Geschlechtsidentität gezweifelt.
- Zeichnen Sie als erstes den Kopf, der als »Sitz der Persönlichkeit« durchaus groß dimensioniert sein kann und arbeiten Sie sich locker zu den Füßen hinunter. Zögern Sie nicht bei Hals oder Hüfte, das würde auf Unsicherheit im Umgang mit dem eigenen Körper und sexuelle Verklemmtheit hinweisen
- Zur Kleidung: Versuchen Sie, die Person mit einer unauffälligen, unaufdringlichen Kleidung zu zeichnen (Aktzeichnungen signalisieren sexuelle Störungen). Stellen Sie die Geschlechtsunterschiede deutlich, aber nicht vulgär dar. Vermeiden Sie Kopfbedeckungen, dies soll bei Männern auf Impotenz, bei Frauen auf einen sehr lockeren Lebenswandel hinweisen (was auch zu Beginn des 21. Jh. immer noch negativ gewertet wird!).
- Die Hände: Obwohl sie schwer zu zeichnen sind, sollte man sie nicht in den Hosentaschen, oder hinter dem Rücken verstecken, dies könnte auf Aggressionen, Kontaktarmut oder allzu häufiges Masturbieren (was gilt als Norm?) hinweisen. Wer hingegen eine Hand zum Gruß ausgestreckt darstellen kann, punktet in den Bereichen Kontaktfreudigkeit und Stabilität.
- Ganz wichtig: Der Kopf. Er ist das einzige Körperteil, das Sie detailliert darstellen sollten. Ein kräftiges Kinn (»Führungs-

qualitäten«) und eine gewölbte Stirn (»Intellektualität«) sind eher von Vorteil. Vermeiden Sie die Darstellung von Bärten (Machthunger oder asoziale Tendenzen!) und versuchen Sie, die Größe der Ohren realistisch zu treffen (zu groß: Halluzinationen, Mißtrauen; zu klein: Unbelehrbarkeit).

- Die Nase sollte ebenso wohlproportioniert sein; ist sie dreieckig, deutet dies auf »infantile Sexualität« hin, auch darf sie nicht zu weich (»Kastrationsangst«), zu scharf (»Aggressivität«) oder gar als Hakennase (»schlechte und geizige Denkweise«) gezeichnet sein. Eine längere Nase weist dagegen eher auf Führungsanspruch und soziales Engagement hin.
- Die Augen sollten weder stechend (»Paranoia«), zu groß (»schlechtes Gewissen«) oder schielend (»Konfusion«) gemalt werden.
- Der Mund darf weder ein Strichmund sein, noch sollten die Lippen zu sinnlich dargestellt werden; er sollte entspannt, geschlossen und eher mit leicht nach oben gerichteten Mundwinkeln (»Freundlichkeit«) gezeichnet werden, da man Ihnen ansonsten Verschlossenheit, Egoismus, oder Unreife unterstellen könnte.

Es ist also durchaus von Vorteil, zeichnerisch etwas begabt zu sein, wenn das Testergebnis Sie nicht als Psychokrüppel erscheinen lassen soll. Aber selbst wenn Ihre künstlerischen Qualitäten hochentwickelt sein sollten, muß das nicht unbedingt ein positives Testergebnis implizieren: Denn nicht nur das, was Sie zu Papier gebracht haben, ist für die Testauswertung von Relevanz, sondern auch wie Sie es vollbracht haben. So werden von Testbeginn an all Ihre Bewegungen, jegliches Zaudern, Nachfragen, jede Bemerkung oder gar (äußerst fatal!) Radieren kritisch unter die Lupe genommen und als »emotionale Hindernisse« oder »autodestruktive Impulse« gewertet.

Was leider nicht gewertet wird, ist die Seriosität dieses Testverfahrens. Wahrscheinlich müßte hierfür die Sprache der Psychoanalyse um einige Fachausdrücke, den Naivitätsfaktor von Testautoren betreffend, erweitert werden. So bleiben lediglich fachmännischer Spott oder das Aufzeigen seiner Absurdität. [3]

MB-TI – Der Myers-Briggs-Typenindikator

Bei dem sogenannten Myers-Briggs-Typenindikator (MB-TI) handelt es sich um einen Persönlichkeitstest, der in der Zeit vor dem Zweiten Weltkrieg in den USA konzipiert wurde und seit Mitte der 80er Jahre sowohl in seinem Ursprungsland als auch in Europa wieder verstärkt zum Einsatz gelangt.

Der MB-TI beinhaltet über 100 Fragen zur Persönlichkeitsstruktur der Testkandidaten. Ziel dieses Testverfahrens ist es, die Getesteten in eine von 16 Persönlichkeitskategorien einzustufen, deren Basis eine Mischung aus den folgenden vier Bewertungsmaßstäben ist:

- *extrovertiert – introvertiert*: Personen mit hohem Maß an Extraversion sind durch eine seelische Einstellung gekennzeichnet, bei der die Hauptinteressen auf äußere Objekte und andere Menschen konzentriert sind. Liegt dagegen Introvertiertheit vor, sind die Personen eher nach innen gewandt, neigen dazu, Erlebnisse innerlich zu verarbeiten.
- *sinn-orientiert – intuitiv*: Sinn-orientierte Menschen gebrauchen zur Bewältigung des Alltages primär ihren »gesunden Menschenverstand«, sie zeichnen sich durch ein hohes Maß an Realismus und Pragmatismus aus. Personen, die dagegen eher ihrer Intuition folgen, sind durch Spontaneität und Experimentierfreudigkeit gekennzeichnet.

- *denkend – fühlend*: »Denkend« in diesem Kontext beschreibt logisches Argumentieren und Analysieren, während »fühlend« die Reflexion über die Folgen einer zu treffenden Entscheidung bedeutet.
- *bewertend – Wahrnehmung*: Unter »bewertend« fassen die Testautoren Menschen, deren Handlungsweisen durch eine Mischung aus Leben und Arbeit, Kontinuität und Beherrschbarkeit ihrer Tätigkeiten bestimmt werden. »Wahrnehmende« Personen hingegen haben eine Vorliebe für spontanere, flexiblere Lebens- und Arbeitsformen, sie lassen sich nur ungern festlegen. Auch versuchen sie, Probleme verstehen zu wollen und diese dadurch einzugrenzen.

Der Zweck dieses Testverfahrens besteht darin, einen Einblick in die Psyche eines Arbeitsuchenden oder Mitarbeiters zu bekommen und so feststellen zu können, ob der Kandidat von seiner Persönlichkeitsstruktur her dem Anforderungsprofil entspricht. Die Personalabteilung eines Unternehmens könnte so von Beginn an, z. B. bei der Zusammenstellung von Arbeitsgruppen, einen bestimmten Kandidatentyp aussuchen. Durch das Testergebnis wird die Testperson in eine der 16 Kategorien eingeordnet, die sich wie folgt zusammensetzen:

sinn-orientierteTypen *sensing types*		**intuitive Typen** *intuitive types*		
denkend *thinking*	fühlend *feeling*	denkend *thinking*	fühlend *feeling*	
				introvertiert *introversive*
ISTJ	ISFJ	INFJ	INTJ	bewertend *judging*
ISTP	ISFP	INFP	INTP	Wahrnehmung *perception*
				extrovertiert *extroversive*
ESTP	ESFP	ENFP	ENTP	Wahrnehmung *perception*
ESTJ	ESFJ	ENFJ	ENTJ	bewertend *judging*

Die Buchstabenkombination beschreibt dabei die vorherrschenden Charaktereigenschaften – orientiert an den Anfangsbuchstaben der englischen Fachausdrücke –, wobei

- I *introversive* = introvertiert
- S *sensing* = sinn-orientiert
- T *thinking* = denkend
- J *judging* = bewertend
- E *extroversive* = extrovertiert
- I *intuitive* = intuitiv
- F *feeling* = fühlend,
- P *perception* = Wahrnehmung

bedeutet.

So sagt z. B. die Kombination ISTP aus, daß die Testperson vom Charakter her introvertiert, sinn-orientiert, denkend und wahrnehmend ist. Das Ergebnis schließlich wird durch prozentuale Gewichtung der Einzelkomponenten noch weiter differenziert dargestellt.

In den USA (und bestimmt bald auch bei uns) erfreut sich dieser Persönlichkeitstest so hoher Beliebtheit, daß in Kontaktanzeigen oder bei der Suche nach einem WG-Mitbewohner die Inserenten bereits die gewünschten Charakterkategorien des Bewerbers in Form der vier Anfangsbuchstaben in den Anzeigentext mit aufnehmen.

Der Wartegg Zeichentest – Die Miniaturen des Seelenlebens

Bei diesem Test, der von dem deutschen Psychologen Ehrig Wartegg konzipiert wurde, werden den Probanden auf einem

Din-A-4-Bogen acht kleine quadratische weiße Felder vorgelegt, die mit winzigen Zeichen (Punkte, Striche, Bögen, Wellenlinien) angefüllt sind.

Beispiele:

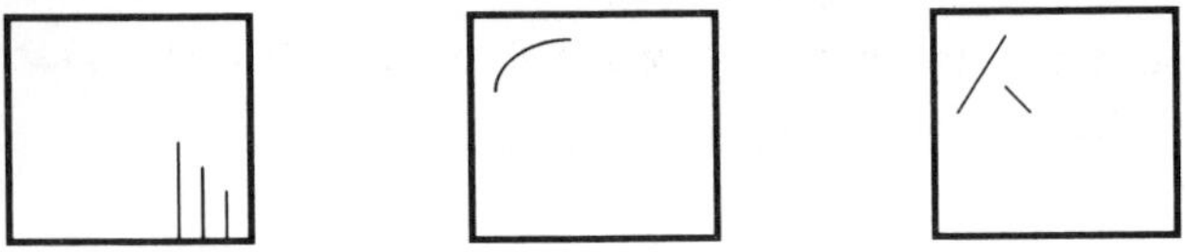

Diese Zeichen sollen nun jeweils in eine kleine Zeichnung integriert werden, so daß acht verschiedene Miniaturbilder entstehen. Die Bilder werden dann nach inhaltlichen und formalen Gesichtspunkten ausgewertet.

Aus der inhaltlichen Deutung ergeben sich drei Grundtypen von Persönlichkeiten: die Erlebnisbestimmten, die sich von Emotionen und Intuitionen leiten lassen, die Sachbestimmten, deren Handlungen eher von Vernunft und Verstand gelenkt werden und die Integrierten, die die Charakteristika der beiden vorigen Typen sinnvoll miteinander verbinden können. Es gibt eine gewaltige Menge an »Sinngebungsfaktoren«, durch die der Proband seine Seele zeichnerisch preisgeben kann. Diese sind im sogenannten *Wartegg-Handbuch* zusammengefaßt worden, wobei winzige Unterschiede in der Darstellung einen positiven oder negativen Ausschlag bei der Auswertung bewirken können.

Negativ bewertet werden dabei:

- Friedhöfe, Schädel, Raubtiere, Waffen = übermäßige Aggressivität
- Schlangen, Wälder, Uhren, Briefe, Hände, Füße, Ohren = Ängste

- isolierte Gegenstände = Vereinsamung
- zuviel unbelebte Natur = Mangel an Durchsetzungsvermögen
- spitze Winkel = Aggressivität, Trend zum asozialen Verhalten
- Verniedlichungen = Naivität
- abstrakte Symbole = Arroganz, Entrücktheit, Geisteskrankheiten

Positiv gewertet werden:

- Treppen = Streben nach Perfektion
- Gewässer = keine Scheu vor körperlicher Betätigung
- Hochhäuser (in richtiger perspektivischer Darstellung) = Logik, Dynamik
- Sonne, Gestirne = Suche nach Selbsterkenntnis und Klarheit
- Werkzeuge, berufliche Symbole = Karrierebewußtsein
- Bücher, Zeitungen = Perfektionismus
- Brillen = Harmoniebedürfnis
- Fahrzeuge, Spiele, Sport = Dynamik
- Natur = Freiheitsdrang
- Koffer = Lebensplanung
- Gärten = Suche nach innerem Frieden [4]

Ebenso ist es von Vorteil, wenn dargestellte Dinge harmonisch eingebunden werden. Ein Stuhl am Tisch, ein Garten am Haus und – ganz wichtig – der Fußboden unter den Beinen. Die vorgegebenen Zeichen sollten sinnvoll integriert und die Formen der Vorgaben entsprechend weiterentwickelt werden. Bögen eignen sich z. B. für Gesichter, Gewässer usw., gerade Linien für Fahrzeuge, Bauwerke (in einer Landschaft!).

Daneben werden die Zeichnungen auch nach graphologischen Aspekten gedeutet. Nach Wartegg, der sein Verfahren »graphoskopische Schichtdiagnostik« nannte, sollen gradlinige und eckbetonte Formen auf einen sachbestimmten Menschen hinweisen, während eine runde Formgebung eher eine erlebnisbestimmte Person ausweist. In den Augen der Tester ist es am günstigsten, wenn sich runde und gerade Linien in etwa die Waage halten, da dies angeblich auf einen integrierten Typ schließen läßt. Natürlich darf auch die Zeichentechnik nicht außer acht gelassen werden: Ein gleichmäßiger, nicht zu schwacher Zeichendruck deutet auf Vitalität hin, ein »Zitterstrich« hingegen auf Labilität oder Jähzorn. Die Größe der Bilder sollte etwa Zwei Drittel der Felder ausmachen, ansonsten gilt man schnell als neurotisch. Problematisch sind zu dunkel gehaltene Zeichnungen und Schattierungen, da die Testauswerter daraus seelische Konflikte ableiten. Der schlimmste Fauxpas wäre sicherlich Übermalen oder gar Radieren, denn hier würden vielleicht viele Wartegg-Anhänger u. U. noch eine Zukunft als Gummizellenbewohner prophezeien.

Der Thematische Apperzeptionstest – TAT

Apperzeption: bewußtes Erfassen von Wahrnehmungs-, Erlebnis- u. Denkinhalten

Apperzeptionspsychologie: die (von W. Wundt) begründete Lehre von der Auffassung des Ablaufs von psychologischen Vorgängen als Willensakt (Duden »Fremdwörterbuch«)

Dieser Test wurde von dem amerikanischen Psychiater Murray ursprünglich konzipiert, um psychisch belasteten Menschen zu helfen, »die das, worunter sie leiden, nur schwer oder gar nicht ausdrücken können«. In der Originalversion des Thematischen

Apperzeptionstests (TAT) werden der Testperson 20 Bilder präsentiert, zu denen jeweils eine »möglichst dramatische« Geschichte erzählt werden soll. Durch diese spontanen Situationsassoziationen versucht man, die Probanden dazu zu bringen, »über einen erfundenen Charakter Dinge auszusagen, die auf sie selbst zutreffen, die sie aber in der Antwort auf direkte Fragen hin zu bekennen nicht willens gewesen wären«. [5]

Die präsentierten Bilder zeigen zumeist recht harmlose Situationen, die aufgrund ihrer ungenauen Darstellung jedoch vielseitig interpretierbar sind. Dieser Auslegungsspielraum dient als Basis für eine psychologische Charakteranalyse der Testperson. Dazu sind diverse Auswertungsverfahren entworfen worden, die emotionale Befindlichkeiten, Aktionsmotive, Hemmungen und seelische Krisen aufspüren sollen. Es ist von den Testautoren durchaus gewollt, daß verborgene Konflikte aufbrechen, denn so lassen sich verdeckte Persönlichkeitsstrukturen leichter aufdecken. Die Tatsache, daß dadurch ein emotionales Abreagieren dieser unverhofft zutage getretenen inneren Spannungen provoziert werden kann, ist den TAT-Autoren durchaus bewußt, und so weisen sie auf »psychokathartische Nebenwirkungen« des Testverfahrens hin. Deswegen, so die Tester, sollte dem TAT stets eine psychologische Beratung angefügt werden (was jedoch in der Testpraxis leider völlig in Vergessenheit geraten ist).

Wie aber sollte sich nun eine Testperson in diesem Test verhalten, ohne allzuviel von ihrem Innersten preiszugeben? Natürlich gibt es dafür keine optimale Lösung; generell ist es jedoch eher von Vorteil, wenn die Geschichten recht einfach, ohne breite Ausschweifungen dargeboten werden. Das Zurückhalten von Assoziationen und Phantasien bietet einen gewissen Schutz und läßt den Testauswertern einen geringeren Spielraum für die Psychoklassifizierung. Im übrigen sollten alle wichtigen Aspekte in den Bildern angesprochen werden, um so den Verdacht zu entkräften, sie seien aus Selbstschutz verschwiegen worden.

Es gibt ein paar Fehler, die man leicht vermeiden kann: Möglichst nicht thematisiert werden sollten Dinge wie Krankheit, Trauer, Tod, Einsamkeit, Gewissenskonflikte, Gewalt, Rache und unklar definierte Liebeskonstellationen. Die Geschichten sollten immer mit einem (nicht zu dick aufgetragenen) Happy-End abgeschlossen werden, und zwischenmenschliche Begegnungen stets einen positiven Hintergrund haben (z. B. Begrüßung statt Abschied). Sexualität war schon immer ein Eldorado für Psychoanalytiker, daher gilt besonders hier: Keine Angriffsfläche bieten, Zurückhaltung und »normatives« Verhalten ist angesagt (leider wird auch heute noch die Andeutung von gleichgeschlechtlichen Neigungen negativ gewertet).

Zusammenfassend kann gesagt werden: Hat man keine Möglichkeit, sich dem TAT-Test zu verweigern (was aus ethischen Gründen immer gerechtfertigt wäre), sollte man sich dieser verkappten Psychoanalyse entziehen, indem man sie durch scheinbare Kooperation unterläuft; dies wäre ein Verhalten, das in einer Personalauswahlsituation als in höchstem Maße legitim bezeichnet werden muß.

Der Szondi-Test – Die Berufsanalyse des Schicksals

Eines der wohl abenteuerlichsten und abstrusesten Testverfahren entwickelte der ungarische Psychiater Dr. Lipot Szondi mit der Idee, die »Kräfte des Schicksals« zu einem pseudoakademischen Forschungsgegenstand zu machen. Dieser Unfug wäre eigentlich keine besondere Aufmerksamkeit wert, hätte Dr. Szondi, der seine Thesen ohne jedes wissenschaftliche Fundament entwickelt hat, das Unterfangen nicht mit einem »schicksalsanalytischen Bildertest« zu untermauern versucht. Und selbst dieser Umstand wäre zu ignorieren, wenn der Szondi-Test nicht hin und wieder bei Bewerbertests eingesetzt würde.

Den bedauernswerten Testpersonen werden hierbei jeweils acht antiquierte Porträtfotos vorgelegt, von denen dann die beiden sympathischsten sowie die beiden unsympathischsten Bilder ausgewählt werden sollen. Diese Auswahl wird insgesamt zwölfmal durchgeführt, so daß letztendlich je 12 »positive« und 12 »negative« Persönlichkeitsklischees ermittelt sind. Der Testautor orientiert sich in seiner Bildauswahl an gängigen Klischeevorstellungen vom Aussehen von »typischen« kriminellen oder geistig gestörten Menschen.

Laut Dr. Szondi ist dieses Sortieren nach Sympathiewerten eine »triebhafte Wahl«, die der Proband aufgrund »unbewußter Erbanlagen« trifft. Diese »Erbanlagen« können, je nach Auswahl der entsprechenden Klischees, Sadismus, Hysterie, Homosexualität, Epilepsie, katatone oder paranoide Schizophrenie, Manie oder Melancholie sein. Der Testleiter ermittelt anhand der getroffenen Bilderwahl nicht nur die »verborgenen Triebe«, mehr noch, es wird mit Hilfe von detaillierten Tabellen festgestellt, mit welchem Schicksal im Privatleben oder im Beruf zu rechnen ist.

Ja, es kommt noch besser! Szondi hat nun diese Schicksalsdeutungen zu Berufsempfehlungen weiterentwickelt. Hiervon – um der puren Unterhaltung willen – eine Auswahl:

- Sadistisch veranlagte Männer (laut Testauswertung) könnten durchaus Karriere als Fuhrmann, Grabsteinbearbeiter, Metzger, Chirurg oder Henker(!) machen.
- Latent homosexuellen Männern empfiehlt Dr. Szondi eine Berufslaufbahn als Zuckerbäcker, Gynäkologe, Frisör oder

Spion; lesbisch orientierte Frauen könnten es hingegen als Turnlehrerin oder Postbotin versuchen.

- Auch der Paranoiker darf nicht unerwähnt bleiben: Hier drängt sich geradezu das Berufsbild des Missionars, Dichters, Erfinders, Revolutionärs oder auch des professionellen Kartenspielers auf. Entsprechend veranlagte Frauen müssen auch nicht verzagen, denn für sie hat der Testautor letztlich noch eine Karriere als »Angestellte in zwielichtigen Lokalen« im Angebot.

Wir denken, dieser Auswurf von intellektuellem Sondermüll bedarf keines weiteren Kommentars. Der Szondi-Test ist sicher bestes Beispiel dafür, mit welch dubiosen Methoden selbst heute noch im Personalwesen gearbeitet wird. Was aber tun, wenn man als Bewerber/-in mit diesem Verfahren konfrontiert wird? Da dieses Auswahlinstrument im gröbsten Ausmaß die Intimsphäre der Testpersonen verletzt und auch gegen fundamentalste Menschenrechte verstößt, muß die Teilnahme schon aus Gründen der Selbstachtung schlichtweg verweigert werden. Als Boykottbegründung sollte ein Hinweis auf Susan Deri ausreichen, die davor warnt, daß hier »die Gefahr der Fehlinterpretation aufgrund oberflächlicher Erkenntnisse größer ist als bei irgendeinem anderen Persönlichkeitstest«. [6]

Der NEO-FFI-Test – Das NEO-Fünf-Faktoren-Inventar

Relativ neu ist das sogenannte NEO-Fünf-Faktoren-Inventar (NEO-FFI) nach Paul Costa und Robert McCrae, der von P. Borkenau und F. Ostendorf ins Deutsche übertragen wurde. Hierbei handelt es sich um ein faktorenanalytisches Fragebogenverfahren, mit dem 5 Faktoren Ihrer Persönlichkeit ermittelt werden sollen. Die Merkmalsbereiche sind:

- Neurotizismus (Neigung zu Verhaltensabweichungen mit seelischen Ausnahmezuständen, meist aufgrund unverarbeiteter seelischer Konflikte)
- Extraversion (eine seelische Einstellung, die durch Konzentration der Interessen auf äußere Objekte gekennzeichnet ist)
- Offenheit für Erfahrung
- Verträglichkeit
- Gewissenhaftigkeit

Inhalt des Tests sind in der Regel 60 Fragen mit jeweils einer 5er-Skala von Antwortmöglichkeiten, die von starker Ablehnung bis starker Zustimmung reicht. Je 12 der 60 Fragen beziehen sich auf die einzelnen Faktoren, über die in diesem Verfahren versucht wird, Rückschlüsse auf Ihre Persönlichkeitsstruktur zu ziehen.

Welche der Aussagen sich auf welchen Persönlichkeitsfaktor bezieht, ist für den Getesteten dabei nicht ohne weiteres erkennbar. Auch hohe Punktzahlen in den jeweiligen Faktoren können sowohl positive als auch negative Auswirkungen haben. Es ist klar, daß ein hohes Level im Bereich Neurotizismus weniger vorteilhaft gewertet wird, als ein entsprechend hohes Niveau im Sektor Gewissenhaftigkeit. Die Auswertung des Testes erfolgt entweder mittels einer Auswertungsschablone oder mit Hilfe eines Computers.

Im nun folgenden Test liegen Ihnen 50 Aussagen vor, die Sie je nach Zustimmung oder Ablehnung bewerten sollen. Dabei steht

A) für klare Ablehnung
B) für relative Ablehnung
C) für Unentschiedenheit
D) für teilweise Übereinstimmung
E) für starke Übereinstimmung
der jeweiligen Aussage.

Entscheiden Sie bitte spontan, welche Wertung am ehesten für Sie in Betracht kommt und notieren Sie die jeweilige Punktwertung getrennt nach den Symbolen.

1. Ich denke oft, anderen Menschen unterlegen zu sein.
   A) 0 B) 1 C) 2 D) 3 E) 4 □-Punkte:

2. Unterhaltungen mit anderen Menschen bereiten mir Freude.
   A) 0 B) 1 C) 2 D) 3 E) 4 ▱-Punkte:

3. Inspirationen, die ich in der Natur oder in Museen finde, verarbeite ich gerne kreativ weiter.
   A) 0 B) 1 C) 2 D) 3 E) 4 ○-Punkte:

4. Rücksichtnahme und Sensibilität haben eine hohe Priorität in meinem Handeln gegenüber anderen.
   A) 0 B) 1 C) 2 D) 3 E) 4 △-Punkte:

5. Perfektionismus ist oberstes Gebot bei all meinen Arbeitstätigkeiten.
   A) 0 B) 1 C) 2 D) 3 E) 4 ▭-Punkte:

6. Es gibt Tage, an denen ich mir total wertlos vorkomme.
   A) 0 B) 1 C) 2 D) 3 E) 4 □-Punkte:

7. Man kann mich mit Sicherheit als Frohnatur bezeichnen.
A) 0 B) 1 C) 2 D) 3 E) 4 ▱-Punkte:

8. Es kommt vor, daß ich bei Musik oder beim Lesen eines Buches vor Begeisterung eine Gänsehaut bekomme.
A) 0 B) 1 C) 2 D) 3 E) 4 ○-Punkte:

9. Meine Arbeitskollegen und meine Familie kennen mich als streitsüchtigen Menschen.
A) 4 B) 3 C) 2 D) 1 E) 0 △-Punkte:

10. Es fällt mir leicht, bei meiner Arbeit den vorgegebenen Zeitrahmen einzuhalten.
A) 0 B) 1 C) 2 D) 3 E) 4 ▭-Punkte:

11. Ängstlichkeit oder Furcht sind bei mir seltenere Gefühle.
A) 4 B) 3 C) 2 D) 1 E) 0 □-Punkte:

12. Ich umgebe mich gerne mit netten Menschen.
A) 0 B) 1 C) 2 D) 3 E) 4 ▱-Punkte:

13. Auf Reisen experimentiere ich gerne mit exotischen Speisen.
A) 0 B) 1 C) 2 D) 3 E) 4 ○-Punkte:

14. Bei Entscheidungen oder Meinungen zeige ich mich meist unnachgiebig und kompromißlos.
A) 4 B) 3 C) 2 D) 1 E) 0 △-Punkte:

15. Um gesteckte Ziele erreichen zu können, arbeite ich stetig und gewissenhaft.
A) 0 B) 1 C) 2 D) 3 E) 4 ▭-Punkte:

A) = klare Ablehnung
B) = relative Ablehnung
C) = Unentschiedenheit
D) = teilweise Übereinstimmung
E) = starke Übereinstimmung

16. Es kommt wirklich nicht oft vor, daß ich mich deprimiert oder verlassen fühle.
A) 4 B) 3 C) 2 D) 1 E) 0 □-Punkte:

17. Meinen Lebensstil könnte man als sehr umtriebig und leicht chaotisch bezeichnen.
A) 0 B) 1 C) 2 D) 3 E) 4 ▱-Punkte:

18. Es kommt durchaus vor, daß mich Poesie emotional aufwühlt.
A) 0 B) 1 C) 2 D) 3 E) 4 ○-Punkte:

19. Ich finde es o.k., Menschen, die man als unsympathisch empfindet, dieses auch zu signalisieren.
A) 4 B) 3 C) 2 D) 1 E) 0 △-Punkte:

20. Bei meinen Tätigkeiten gehe ich immer sehr systematisch vor.
A) 0 B) 1 C) 2 D) 3 E) 4 ▭-Punkte:

21. Wenn die Dinge mal nicht so gut laufen, lasse ich mich nicht so leicht entmutigen.
A) 4 B) 3 C) 2 D) 1 E) 0 □-Punkte:

22. Ich würde mich eher als einen Menschen bezeichnen, der es vorzieht, seine eigenen Wege zu gehen.
A) 4 B) 3 C) 2 D) 1 E) 0 ▱-Punkte:

23. Debatten über philosophische Themen halte ich für Zeitverschwendung.
A) 4 B) 3 C) 2 D) 1 E) 0 ○-Punkte:

24. Ich würde mich niemals als einen Skeptiker oder Zyniker bezeichnen.
A) 0 B) 1 C) 2 D) 3 E) 4 △-Punkte:

25. Gewissenhaftigkeit ist oberstes Gebot bei der Ausführung von Aufgaben, die mir übertragen werden.
A) 0 B) 1 C) 2 D) 3 E) 4 ▭-Punkte:

26. Ich spüre häufig die Symptome von Nervosität und starker innerer Anspannung.
A) 0 B) 1 C) 2 D) 3 E) 4 □-Punkte:

27. Ich bin sehr empfänglich für Humor und lache gerne.
A) 0 B) 1 C) 2 D) 3 E) 4 ▱-Punkte:

28. Es reizt mich, ungewöhnliche Ideen oder neuartige Theorien gedanklich durchzuspielen.
A) 0 B) 1 C) 2 D) 3 E) 4 ○-Punkte:

29. Ich bemühe mich, meine Mitmenschen mit Unvoreingenommenheit und Freundlichkeit zu behandeln.
A) 0 B) 1 C) 2 D) 3 E) 4 △-Punkte:

30. Mein Arbeitsplatz ist stets tadellos aufgeräumt und sauber.
A) 0 B) 1 C) 2 D) 3 E) 4 ▭-Punkte:

31. Ich leide häufig darunter, daß andere Menschen mich schlecht behandeln.
A) 0 B) 1 C) 2 D) 3 E) 4 □-Punkte:

A) = klare Ablehnung
B) = relative Ablehnung
C) = Unentschiedenheit
D) = teilweise Übereinstimmung
E) = starke Übereinstimmung

32. Eigentlich bin ich eher ein Pessimist.
A) 4 B) 3 C) 2 D) 1 E) 0 ▱-Punkte:

33. Ich bin der Meinung, daß man sein Wissen ständig erweitern sollte.
A) 0 B) 1 C) 2 D) 3 E) 4 ○-Punkte:

34. Auf viele Menschen wirke ich eher kühl und arrogant.
A) 4 B) 3 C) 2 D) 1 E) 0 △-Punkte:

35. Wenn ich etwas versprochen habe, halte ich es unter Garantie auch ein.
A) 0 B) 1 C) 2 D) 3 E) 4 ▭-Punkte:

36. Man kann mich nicht so ohne weiteres einfach beunruhigen.
A) 4 B) 3 C) 2 D) 1 E) 0 □-Punkte:

37. Ich stehe sehr gerne im Mittelpunkt einer Gesellschaft.
A) 0 B) 1 C) 2 D) 3 E) 4 ▱-Punkte:

38. Sich Tagträumereien hinzugeben, halte ich für ausgesprochene Zeitvergeudung.
A) 4 B) 3 C) 2 D) 1 E) 0 ○-Punkte:

39. Um ein bestimmtes Ziel zu erreichen, kann ich bisweilen auch sehr rücksichtslos handeln.
A) 4 B) 3 C) 2 D) 1 E) 0 △-Punkte:

40. Ich glaube, daß es mir wohl nie gelingen wird, mein Leben in geordnete Bahnen zu bringen.
A) 4 B) 3 C) 2 D) 1 E) 0 ▭-Punkte:

41. Traurigkeit oder Niedergeschlagenheit verspüre ich äußerst selten.
A) 4 B) 3 C) 2 D) 1 E) 0 □-Punkte:

42. Ich würde mich als einen eher aktiven Typ bezeichnen.
A) 0 B) 1 C) 2 D) 3 E) 4 ▱-Punkte:

43. Ich bin der Ansicht, bei ethischen Themen sollte man auch auf die Meinung von Religionsvertretern achten.
A) 4 B) 3 C) 2 D) 1 E) 0 ○-Punkte:

44. Es gibt Menschen, die mich für egoistisch und arrogant halten.
A) 4 B) 3 C) 2 D) 1 E) 0 △-Punkte:

45. Ich bin ein fleißiger Mensch, der seine Aufgaben gewissenhaft ausführt.
A) 0 B) 1 C) 2 D) 3 E) 4 ▭-Punkte:

46. Es kam schon vor, daß mir etwas so peinlich war, daß ich mich auf der Stelle hätte verkriechen können.
A) 0 B) 1 C) 2 D) 3 E) 4 □-Punkte:

47. Normalerweise ist es mir lieb, Aufgaben allein zu erledigen.
A) 4 B) 3 C) 2 D) 1 E) 0 ▱-Punkte:

48. Über hintergründige Themen aus Naturwissenschaft oder Philosophie nachzudenken, liegt mir fern.
A) 4 B) 3 C) 2 D) 1 E) 0 ○-Punkte:

A) = klare Ablehnung
B) = relative Ablehnung
C) = Unentschiedenheit
D) = teilweise Übereinstimmung
E) = starke Übereinstimmung

49. Ich bin jemand, der Zusammenarbeit der Konkurrenz vorzieht.
A) 0 B) 1 C) 2 D) 3 E) 4 △-Punkte:

50. Es kommt öfters vor, daß ich sehr viel Zeit verstreichen lasse, ehe ich eine Aufgabe beginne.
A) 4 B) 3 C) 2 D) 1 E) 0 ▭-Punkte:

Summe der Punkte in den Einzelfaktoren:

□ = Neurotizismus: ....
▱ = Extraversion: ....
○ = Offenheit für Erfahrung: ....
△ = Verträglichkeit: ....
▭ = Gewissenhaftigkeit: ....

Je 10 Aussagen beziehen sich auf jede der 5 Faktorgruppen. Der Mittelwert (2 Punkte pro Aussage) liegt bei 20 Punkten pro Einzelfaktor. Dies ist auch der Wert, an dem Sie sich orientieren können. Das Maximum wären 40 Punkte. Ab 25 oder gar 30 und mehr Punkten pro Faktor ist der entsprechende Charakterzug extrem ausgeprägt.

Wir verzichten hier bewußt auf eine detaillierte Punkteskala zu Ihrer Einstufung; am besten Sie bilden sich selbst ein Urteil anhand der

Testpersonen mit höheren Werten im Bereich *Neurotizismus* neigen dazu, eher unangemessen auf Streßsituationen zu reagieren, unrealistische Ideen zur Realisierung ihrer Bedürfnisse zu entwickeln und in ständiger Sorge um ihre Gesundheit zu leben. Unsicherheit, Traurigkeit, Ängstlichkeit, Nervosität und Verlegenheit sind wichtige Bestandteile ihres Charakters.

Hohe Werte beim Faktor *Extraversion* charakterisieren Personen mit Vorlieben für An- und Aufregungen; sie sind eher heiter, aktiv, gesellig, personenorientiert, gesprächig, herzlich und optimistisch.

Liegen höhere Werte im Bereich *Offenheit für Erfahrung* vor, so zeichnen sich die Testpersonen durch Phantasie, Kreativität, Wißbegierigkeit und Objektivität aus; sie sind offen für Abwechslungen und neue Erfahrungen.

Testpersonen mit sehr hohen Werten beim Faktor *Verträglichkeit* haben ein absolut starkes Harmoniebedürfnis, sie sind sehr nachgiebig und eher zu vertrauensvoll. Bei mittleren Werten werden Kooperativität und Gemeinschaftssinn ebenso deutlich wie etwa uneigennütziges, wohlwollendes, mitfühlendes und verständnisvolles Verhalten.

Wenn beim Faktor *Gewissenhaftigkeit* höhere Werte vorliegen, so wird deutlich, daß die Testperson zuverlässig, diszipliniert, pünktlich, ordentlich, ehrgeizig und hart arbeitend, aber u. U. auch zwanghaft perfektionistisch ist.

Positiv ist anzumerken, daß der NEO-FFI-Test vom Inhalt und Aufbau intelligenter als die meisten anderen Persönlichkeitstests angelegt ist. Dennoch soll auch bei diesem Testverfahren daraufhin hingewiesen werden, daß es primär dafür entwickelt wurde, Ihr Seelenleben zu erforschen, um daraus Schlüsse auf eine berufliche Kompetenz zu ziehen. Ob es gerechtfertigt ist, Sie nach Ihren Ängsten oder seelischen Bedürfnissen zu befragen, beurteilen Sie am besten selber. Wir jedenfalls halten das – auch in diesem Fall – für mehr als bedenklich.

Der Rorschach-Test – Die Klecks-Entfaltung

Bereits zu Beginn der 20er Jahre entwickelte der Schweizer Psychiater Hermann Rorschach einen Persönlichkeitstest, der bis heute die Testgemeinde unter den Psychologen stark polarisiert. Hierbei handelt es sich um einen sog. »Entfaltungstest«, bei dem die Probanden hintereinander je zehn Schautafeln mit tintenklecksähnlichen Abbildungen vorgelegt bekommen, die an einer vertikalen Achse gespiegelt sind. Diese Kleckse sollen dann spontan gedeutet und interpretiert werden; die einzige Frage lautet schlicht: »Was könnte das sein?«

Je nach Art der Bildinterpretation wird auf die Psyche der Versuchsperson rückgeschlossen. Daß die Auswertung dieses Tests eine ziemlich große Bandbreite von Interpretationen zuläßt, liegt auf der Hand; so sind mehrere divergierende Systeme entwickelt worden, um zu einer scheinbaren Objektivität in der Beurteilung der Aussagen zu gelangen.

Bewertet werden Form- und Farbinterpretationen und die gesamte Bandbreite der Assoziationen beim Betrachten der Schautafeln. Um (im Sinne der Tester) möglichst gut abzuschneiden, sollte man die Abbildungen nicht nur als starres zweidimensionales Produkt beschreiben, sondern die Tiefe des Raumes mit hineininterpretieren. Am besten ist es, wenn Sie in den Bildern darüber hinaus noch Bewegungen erkennen können. Auch sollten Sie wirklich nur die Kleckse und nicht etwa die Räume zwischen diesen ansprechen. Achten Sie jedoch darauf, daß Sie sich nicht allzu sehr nur vom Umriß der Darstellungen leiten lassen, dies wird im allgemeinen als Emotionsarmut interpretiert. Ebenso unvorteilhaft ist es, zu sehr Schattierungsnuancen anzusprechen, dann wiederum könnten Ihnen »kindliche Zärtlichkeitsbedürfnisse« unterstellt werden. Durch das Erkennen von menschlichen Formen, seien es nun Körperteile oder Personen – am besten noch in Bewegung – beweisen Sie Selbstbewußtsein und eine hohe soziale Kompetenz (so jedenfalls die Tester).

Die Farbinterpretation spielt bei der Auswertung eine gewichtige Rolle: Rot kann die Farbe des Blutes, einer Rose oder die eines Rubins sein; was für Sie dabei am vorteilhaftesten sein könnte, liegt sicher auf der Hand. Wenn Sie Form und Farbe der Bilder nachvollziehbar in Einklang bringen und das Ergebnis überzeugend artikulieren können, schneiden Sie am vorteilhaftesten ab. Doch hüten Sie sich vor allzu phantasievollen Deutungen! Wenn Sie beispielsweise auf Karte 5 des Tests anstatt der hier üblicherweise gedeuteten Fledermaus einen »Flugdrachen, der aus geheimnisvollen Weiten von Raum und Zeit kommend, gerade dabei ist, in den menschlichen Niederungen zu landen« sehen, wird man Sie im günstigsten Falle als Sonderling oder Außenseiter betrachten.

Bedenken Sie auch, daß Sie während des Tests beobachtet werden. Es gilt, Gelassenheit zu demonstrieren: Betrachten Sie die Tafeln mit sachlicher Miene (Pokerface) und vermeiden Sie Gefühlsäußerungen; selbst ein Kratzen am Hinterkopf könnte man Ihnen als ein Zeichen des Unbehagens oder gar der Überforderung auslegen. Auch hier gilt, wie bei den meisten Persönlichkeitstests: Die Spielregeln erkennen und aktiv mitspielen!

Fazit: Der Rorschach-Test ist ein veraltetes Instrumentarium, das aufgrund seiner Interpretationsspannweite und seiner nebulösen Bewertungsskalen u. U. in einer psychologischen Beratung eine Unterstützung sein könnte, als Berufseignungs-Auswahltest ist er mit Sicherheit völlig ungeeignet.

Der EPPS – Immerhin zwei Alternativen

Die Möglichkeit, daß Persönlichkeitstests von Testpersonen durch konstruierte Angaben unterlaufen werden könnten, ist den Testern natürlich bekannt. Um dieses Konterkarieren der Testresultate zu verhindern, wurden in den USA sogenannte »Forced Choice (Wahlzwang-) Tests« konzipiert. In diesem Verfahren werden den Probanden Fragebogen vorgelegt, auf denen jeweils zwei scheinbar gleichwertige Aussagen gegenübergestellt sind. Die Testperson hat nun die Aufgabe, spontan (d. h. vor allem schnell) und unter Zeitdruck eine der beiden Aussagen zu präferieren. Durch die Tatsache, daß beide Angaben in gleicher Weise positiv wirken (Was ist vorteilhafter: Sympathie oder Kreativität?), soll ein taktisches Verhalten der Testteilnehmer ausgeschlossen werden.

Eine Variante dieser »Forced Choice Tests« ist der von dem amerikanischen Professor Edwards entworfene EPPS (Edwards Personal Preference Schedule)-Test. Edwards ging davon aus, daß die Persönlichkeit eines Menschen im wesentlichen durch folgende 15 Bedürfnismerkmale charakterisiert ist:

Leistung, Anerkennung, Ordnung, Selbstdarstellung, Selbständigkeit, Geselligkeit, Distanz, Hilfsbereitschaft, Dominanz, Selbsterniedrigung, Unterstützung, Abwechslung, Ausdauer, Sexualität, Aggressivität.

Der Test enthält 225 Alternativpaare, von denen jeweils 15 Paare den 15 Bedürfnismerkmalen zugeordnet sind. Hierzu ein Beispiel:

A) »Ich habe eine Vorliebe für Witze, in denen Sex eine gewisse Rolle spielt.«

B) »Wenn ich beleidigt werde, löst das bei mir das Bedürfnis nach Rache aus.«

Bei dieser Aussagenpaarung wird ganz offensichtlich nach Sexualität bzw. Aggression gefragt. Mit großer Wahrscheinlichkeit ist hier ein Hinweis auf Sex vorteilhafter zu bewerten.

Bei der Testauswertung führt jede Aussage zu einem Plus- oder Minuspunkt auf der jeweiligen »Bedürfnisskala«, aus welcher dann ein Persönlichkeitsprofil ermittelt wird. Diese Auswertung ist sowohl per Computer oder auch von Hand durchzuführen, was zu einer hohen Wertschätzung des Tests besonders im Personalwesen geführt hat; ein weiterer Pluspunkt des EPPS (im Sinne der Tester) ist, daß er auch als Gruppentest angewandt werden kann.

Doch so undurchschaubar, wie es die Testautoren glauben machen wollen, ist auch dieses Ausleseverfahren nicht. Wie schon im vorigen Beispiel aufgezeigt, ist es möglich, mit etwas Spitzfindigkeit und Raffinesse dem Anliegen der Tester auf die Schliche zu kommen. Wenn dies gelungen ist, kann man seine Antworten ganz dem Profil des angestrebten Arbeitsplatzes angleichen (das Berufsklischee eines Managers beispielsweise erfordert im allgemeinen einen dominanten und selbständigen Menschen, ein Sozialpädagoge dagegen sollte eher hilfsbereit und gesellig sein).

Assessment-Center-Tests

»Die Würde des Menschen ist unantastbar.«

Grundgesetz Artikel 1, Abs. 1

Eine besondere Form des Persönlichkeitstests und ein immer häufiger eingesetztes Personalausleseverfahren – wir erwähnten es schon – verdient es, detaillierter beleuchtet zu werden: das sogenannte Assessment Center (AC).

Definition / Begriffsentwirrung

Um den Begriff »Assessment Center« genauer zu definieren, bedarf es zunächst einmal einer sprachlichen Entwirrung, denn Assessment Center werden unter völlig unterschiedlichen Namen angeboten: Die einen nennen es Management- bzw. Personalentwicklungs-Seminar, die anderen Führungskräfte-Potential-Test oder schlicht Auswahl-, Förderungs-, Beurteilungs-, Qualifikations-, Entwicklungsseminar.

Ein Assessment Center ist laut Definition eines der AC-Päpste ein systematisches Verfahren »zur qualifizierten Feststellung von Verhaltensleistungen bzw. Verhaltensdefiziten, das von mehreren Beobachtern gleichzeitig für mehrere Teilnehmer in bezug auf vorher definierte Anforderungen angewandt wird«. [7]

Nach den Worten eines anderen AC-Gurus handelt es sich um »eine multiple Verfahrenstechnik«(!), »zu der mehrere eignungsdiagnostische Instrumente oder leistungsrelevante Aufgaben zusammengestellt werden«. Dabei geht es um »die Einschätzung aktueller Kompetenzen oder die Prognose künftiger beruflicher Entwicklung und Bewährung«. [8]

Worum es beim AC geht

Assessment Center (AC) sind bei der testgesteuerten Auslese von Hochschulabsolventen stark in Mode gekommen. Unter dem Namen AC firmiert eine Art »neue Wunderwaffe«, ein Testverfahren, das auf die Deutsche Wehrmachtspsychologie zurückgeht und in den 30er Jahren zur Auslese des Offiziernachwuchses eingesetzt wurde.

Ein Assessment Center, so könnte man sagen, ist eine Kombination verschiedener Verhaltens- und Arbeitsproben und kann sich über etwa einen halben bis zu mehreren Tagen erstrecken. Das Assessment Center reifte und entwickelte sich in den USA und wird dort sehr häufig bei der Personalauswahl eingesetzt. Daß diese Tatsache für den deutschen Eignungsdiagnostik-Markt nicht ohne Auswirkungen bleiben konnte, war eigentlich abzusehen. Nun müssen sich also auch hierzulande Bewerber und Karrieristen immer häufiger »assessmentcentern« lassen.

Die Durchführungszeit eines Assessment Centers beträgt in der Regel ein bis zwei ganze Tage (selten drei), an denen sechs bis zwölf Teilnehmer zwischen acht und zwölf Übungen bewältigen müssen. Dabei werden die Teilnehmer von drei bis sechs Personen beobachtet. Da Zeit Geld ist, versuchen immer mehr Unternehmen, eine Art Mini-AC innerhalb von wenigen Stunden mit Bewerbern durchzuziehen.

Die einzelnen Aufgabentypen könnte man wie folgt umschreiben:

- Jeder für sich allein
- Jeder gegen jeden
- Einer gegen den anderen
- Einer vor allen anderen.

Jeder für sich allein

Zu diesem Aufgabentyp gehören sogenannte Postkorb-Übungen, bei denen Sie unter Zeitdruck den Posteingang durchsehen und entscheiden müssen, was wirklich wichtig ist und sofort erledigt werden muß, was warten kann und was gut zu delegieren ist. Testziel ist die Überprüfung des allgemeinen Organisationsvermögens.

Jeder gegen jeden

In einer Art führerlosen Gruppendiskussion hat jeder seinen eigenen Standpunkt und seine berechtigten Forderungen zu vertreten. Dabei soll ein gemeinsames, von allen getragenes Ergebnis erarbeitet werden. Hier kommt es auf Kompromiß- und Kooperationsbereitschaft, aber auch auf Durchsetzungsvermögen an.

Einer gegen den anderen

Ein Rollenspiel wird durchgeführt, wie z. B. bei der Assessment-Center-Aufgabe der Deutschen Bank »Wärmepumpen-Handel« (siehe S. 109/110). In der Regel müssen Käufer und Verkäufer einen Kompromiß finden und dabei Diplomatie, Eloquenz und Entscheidungskraft unter Beweis stellen.

Einer vor allen anderen

Dabei geht es um einen Kurzvortrag und eine Art Präsentationsübung. Sie dürfen sich auf ein Thema vorbereiten und haben das verehrte Publikum, Ihre Beurteiler und Mitbewerber, gut zu unterhalten (Beispiel: Deutsche-Bank-Assessment-Center, Stichwort »Satellitenfernsehen«, siehe S. 109). Natürlich kommt es auf Rhetorik, Überzeugungskraft und Darstellungskunst an.

Kritik

Die »Wunderwaffe« Assessment Center ist bei näherer Betrachtung nichts anderes als alter Wein in neuen Schläuchen. Verschiedene Einzeltestverfahren (z. B. bezüglich Planungs-, Organisations-, Delegations-, Kommunikations- und Durchsetzungsvermögen) sind jetzt unter dem neumodischen Kürzel AC zusammengefaßt. Der Personalchef, der »in« sein möchte, macht keine Einzeltests, sondern gleich ein AC.

Die grundsätzlichen Kritikpunkte an der testgesteuerten Personalauslese treffen in vollem Umfang gleichermaßen auf ACs zu: Auch hier haben wir es mit höchst fragwürdigen theoretischen Grundlagen zu tun (z. B.: Was ist »Berufseignung« oder »Persönlichkeit«?). Diese schwache Basis wird aber für Aus- und Vorhersagen von großer Tragweite herangezogen: Testerfolg gleich zukünftiger Berufserfolg; Testmißerfolg gleich null Berufseinstiegschance.

Bekanntermaßen tun wir uns schon bei der Vorhersage des Wetters schwer; aber eine komplexe Berufsprognose soll mittels AC angeblich zuverlässig möglich sein. Kommen Ihnen da nicht Zweifel?

Auch ACs basieren auf der infantilen Allmachtsphantasie von Personalauslesern, in die Zukunft ihrer Bewerber schauen zu können. Auffällig aber ist: Je wichtiger der Bewerber oder Kandidat für eine berufliche Position, desto unwahrscheinlicher, daß er sich der Zumutung eines ACs stellen muß. Getestet werden in der Regel die Kleinen, die Berufsanfänger, diejenigen also, die sich am schlechtesten dagegen wehren können. Wer Macht hat und wer Macht erdulden muß, ist festgelegt. Der Mächtige läßt testen.

Oftmals fehlt in den ACs der Bezug zum Arbeitsalltag und zu den hier erforderlichen Qualifikationen. Es geht vielmehr um die Frage, ob der Bewerber versteht, schauspielerische Qualitäten angstfrei vorzutragen, am liebsten im Rollenspiel. So wurde z. B. Hochschulabsolventen bei einem Versicherungskonzern zugemutet, in einem wechselseitigen Verhörgespräch Intimes (zum Thema Seitensprung) herauszufinden. Keiner wußte vom anderen, was genau dessen jeweiliger Ausforschungsauftrag war. Den durfte man zu guter Letzt auch noch erraten. Aber alles nicht so schlimm, es ist ja nur ein Spiel, ein Rollen-Spiel ...

Personalchefs, die auf eine AC-gesteuerte Bewerberauslese setzen, sind auf dem Holzweg. Solchen Unternehmen sollten Sie auf diesem Personalwege vielleicht besser nicht folgen.

AC-Bericht:
Deutsche Bank – Unsere Trefferquote

»Unsere Trefferquote ist sehr hoch«, versicherte der Psychologe beim abendlichen Glas Bier. »Wer hier besteht, hat auch später Erfolg in dieser Bank.« Und er muß es ja wissen, denn schließlich wird das »Gruppenauswahlverfahren für akademische Nachwuchskräfte«, wie es etwas holprig in meinem Einladungsschreiben heißt, schon zum 100. Mal hier durchgeführt. Mittlerweile allerdings um die Hälfte auf 1 1/2 Tage verkürzt. Denn nicht nur Reisespesen und zweitägige Hotelunterbringung der zwölf Bewerber, sondern vor allem auch die Anwesenheit von sechs Beobachtern des Unternehmens sowie eines dreiköpfigen Psychologenteams reißen tiefe Löcher in das Budget einer Personalabteilung, schätzungsweise 9 000 bis 10 000 Euro, aber diese deutsche Bank kann es sich leisten.

Durch Assessment Center, Auswahlseminare oder Sommerakademien läßt sich ja auch trefflich demonstrieren, wie teuer einem der Unternehmensnachwuchs ist; und ganz nebenbei kann der von Zweifeln geplagte Personalchef seine Entscheidung an die psychologische Zunft delegieren. Die erstellt dann während einer Reihe gruppendynamischer und anderer Spielchen ein Psychogramm des Bewerbers. Nach zumeist zwei Tagen – die Billigversion kann auch schon mal an einem Nachmittag durchgezogen werden – liegt die Persönlichkeit des Kandidaten dann sauber nach Belastbarkeit, Teamorientierung und Flexibilität gegliedert und bepunktet zum Abruf bereit auf dem Vorstandsschreibtisch.

Am Morgen des ersten Seminartages finde ich mich pünktlich um 8.30 Uhr mit den anderen Teilnehmern zur Lagebesprechung ein. Mit freundlichen Worten werden wir begrüßt. Man solle alles nicht zu ernst nehmen und sich vor allen Dingen natürlich geben. Betont natürlich geben sich zumindest unsere Beobachter, die sich der Reihe nach vorstellen. In Gedanken lege auch ich mir ein paar Worte zurecht, denn vielleicht läßt sich durch eine witzig-spritzige Rede ein erster Pluspunkt verbuchen. Weit gefehlt – als die Reihe an die Kandidaten kommt, unterbricht der Leiter und schlägt vor, daß nun jeder seinen Nachbarn vorstellt. In den enttäuschten Gesichtern lese ich, daß nicht nur mir der Wind aus den Segeln genommen wurde.

Schon bald haben wir diese Aufwärmübung abgeschlossen und kommen zum eigentlichen Hauptteil. Jeder erhält einen Laufzettel für die unterschiedlichen Aufgaben. Zunächst verschlägt es mich und fünf andere Kandidaten in den Nachbarraum, wo wir weitere Instruktionen ausgehändigt bekommen. Ein Fallbeispiel: Es sollen zunächst einzeln, dann in der Gruppe Vorschläge erarbeitet werden, gemäß derer einer innovationsfeindlichen Belegschaft ein neues Computersystem schmackhaft gemacht werden kann. Ein abgedroschenes Thema, und dementsprechend einfallslos und gleichförmig sind die vorgetragenen Lösungen. Das wissen wohl auch die Beobachter, denn ihnen kommt es eher auf die Präsentation als auf den Inhalt an. So fällt es denn auch nicht schwer, sich hier »schön kooperativ« zu zeigen und schnell auf einen gemeinsamen Nenner zu kommen.

Interessanter wird es schon beim nächsten Spiel. Meine neu zusammengestellte Vierergruppe bekommt eine Aufgabe aus dem Personalbereich. Jedem von uns wird der fiktive Lebenslauf des 39jährigen Hochbauingenieurs Friedemann Fuchs vorgelegt. Diesem soll nun in einem Industrieunternehmen ein Einsatzbereich zugeteilt werden. Die Bereiche Grundlagenforschung, Personal, Fertigung und Verwaltung stehen zur Auswahl. Für die schriftliche Begründung seiner Entscheidung zieht sich jeder von uns in ein Zimmer zurück.

Eigentlich erfüllt das Ingenieur-Füchslein keines der Anforderungsprofile dieser Abteilungen, aber da er sowohl als wenig origineller Forscher als auch als unkonziliant im Umgang mit Kollegen beschrieben wird, beschließe ich, daß eigentlich nur Fertigung oder Verwaltung in Frage kommen. In der Gruppe einigen wir uns dann auf letzteres und geben dem zukünftigen Vorgesetzten von Fuchs den Rat, diesem bei betriebswirtschaftlichen Kalkulationen etwas auf die Finger zu sehen. Mit Recht, denn nun stürzt eine Fülle neuer Aktennotizen und Informationen über uns herein: »Ede« Fuchs ist zwar barsch im Umgang mit Kollegen, aber erfolgreich; allerdings hat er riskant kalkuliert und trägt sich mit Kündigungsabsichten. Zudem gibt es Probleme im Produktionsablauf, die gelöst werden müssen, und schließlich kann ein Auftrag nicht termingerecht erfüllt werden, so daß nachverhandelt werden muß. Was nun und was tun mit Friedemann Fuchs?

»Wer viel Rauch macht, hat etwas zu verbergen«, denke ich mir und schlage vor, weitere Informationen aus der Personalakte Fuchs anzufordern. Und tatsächlich, der Nebel lichtet sich mit einer Notiz, die Fuchs als guten Verhandlungspartner beschreibt. Ein Aufatmen geht durch die Gruppe. Alles weitere ist ein Kinderspiel: Der Fuchs wird mit einem Koffer voll Instruktionen zur Verhandlung geschickt, wo er sich endlich bewähren kann und sich hoffentlich auch seine Kündigungsabsichten verflüchtigen.

»So etwas macht doch richtig Spaß«, kommt es im Ton tiefster Überzeugung vom Beobachtertisch. Überrascht ob dieser ersten unerwarteten Reaktion blicke ich auf und stimme verwirrt zu. »Wenn man das Kaninchen im Zylinder findet!« denke ich und freue mich auf das Mittagessen.

»Nach dem Essen sollst du ruhn oder 1 000 Schritte tun«, auf keinen Fall empfiehlt es sich jedoch, sich mit wissenschaftlichen Abhandlungen zu befassen, wenn der Magen besser durchblutet ist als das Gehirn. Normalerweise gehört das Dekodieren von Professorentexten ja zum Studentenalltag; aber nachdem ich mich durch die 20seitige Abhandlung über »Strukturveränderungen in der Medienlandschaft als Folge innovativer Kommunikationstechniken« gekämpft habe, ist meine Vorbereitungszeit fast abgelaufen. Und nun soll ich dem interessierten Psychologenpublikum einen 10minütigen Vortrag über Satellitenfernsehen, Pay-TV und BTX halten. Dabei nenne ich nicht mal einen Fernseher mein eigen.

»Self fulfilling prophecy« heißt es wohl im Fachjargon, was mir nun widerfährt. Die Notizen der Zuhörer gelten denn auch kaum meinen dürftigen Aussagen zum Thema. »Verkrampft, spricht stockend, Ausführungen sind unstrukturiert«, lautet das vernichtende Urteil, wie ich später erfahre. Aber ich will ja nicht in die Politik. Vielleicht reicht mein rhetorisches Talent noch zum Verhandeln?

Dieses kann ich jedenfalls in der letzten Tagesübung überprüfen lassen. 40 Minuten habe ich Zeit, mich in meinem Zimmer auf meine Rolle als Einkäufer von Wärmepumpen vorzubereiten. Die mitgegebenen Instruktionen definieren genau, bei welchem Abschluß ich mich als guter Mitarbeiter des Unternehmens rühmen kann.

Da kommt mir der Gedanke, diese Übung etwas realistischer zu gestalten: Über Haustelefon (wir sind ja im Hotel) rufe ich meinen Verhandlungspartner an und mache den Vorschlag einer Preisabsprache. Dieser willigt prompt ein, und schon bald stoßen wir beim Vergleich unserer Anweisungen auf einige Fallstricke. Schließlich einigen wir uns auf Konditionen, die jeden von uns in günstigem Licht erscheinen lassen.

Die anschließende »Verhandlung« ist nun nur noch reine Formsache. Das eigentliche Problem ist eher schauspielerischer Natur. Während ich den gradlinigen, kurzen Einakter bevorzuge, scheint mein Gegenüber eher mit dem Pathos des Dramas vertraut zu sein. Ich bin etwas verwirrt und ahne eine Katastrophe heraufziehen. Schließlich erzwinge ich die Katharsis, und siehe da: Mein Verhandlungspartner schwenkt ein, und mit Handschlag wird der vorgesehene Preis besiegelt. Das Publikum spendet zwar nicht den verdienten Beifall, aber dennoch ziehe ich mich halbwegs zufrieden auf mein Zimmer zurück.

Ist Intelligenz meßbar? Der Streit darüber dauert an, seit es IQ-Tests gibt. Zumindest ist sie erlernbar. Ich jedenfalls habe meine Hausarbeit gemacht und mir die einschlägige Literatur zu diesem Thema vorher angesehen. Und während ich vor einer Woche noch zum Intelligenzmittelstand gehörte, kreuze ich am Morgen des zweiten Seminartages unter den Augen des Prüfers mit geübter Sicherheit Zahlen- und Symbolreihen an, ergänze Wortpaare und eliminiere den sogenannten »odd-man-out«. Wenn die Zeit auszugehen droht, löse ich den Rest der Aufgaben nach der Lotto-Methode. Immerhin besteht eine Chance von 1:3, so meinen Intelligenzquotienten zu erhöhen. Beim Kopfrechnen versage ich dann aber kläglich. Im Laufe der

Jahre zum denkenden Anhängsel meines Taschenrechners degeneriert, kann ich von 20 Aufgaben nur ganze fünf lösen.

Als Abschluß des 90-Minuten-Intelligenz-TÜVs ist doch noch einmal Phantasie gefragt. Jeder Prüfling muß eine Anzahl schattenhafter Bilder deuten. Als im Laufe der Übung die Konturen immer schemenhafter werden, kommen mir Zweifel. Signalisiert die Pistole, die ich zu erkennen glaube, etwa Aggressivität? Zur Sicherheit votiere ich für den ausgestreckten Finger an einer geballten Faust (Kompromißbereitschaft?). Beim nächsten Bild kann ich mich nicht zwischen einem fettleibigen Dackel und einem Schwein entscheiden. Als Lösung gebe ich dann aber den Fuchs an. Dessen sprichwörtliche Schlauheit kann gerade im Geschäftsleben nie schaden. Beim letzten Bild, hinter welchem sich ein Flammenmeer, ein Gebüsch, eine Berglandschaft im Schnee oder ein Wohnzimmerteppich verbergen könnten, passe ich lieber. Womöglich werde ich noch als Traumtänzer abgestempelt. Nach den Tests diskutiere ich dann mit meinen Mitstreitern, ob Väter a) nie, b) immer, c) gewöhnlich oder d) selten erfahrener sind als ihre Söhne oder ob sich Sportler zu Erfolg verhält wie Manager zu a) Geld, b) Macht, c) Gewinn oder d) Ansehen.

Die letzte Hürde, zwei abschließende Gespräche mit Vertretern der Bank, wird allgemein als Routine angesehen. Tatsächlich entpuppen sich Kassandrarufe vom bevorstehenden Streß-Interview, bei dem der Bewerber durch anfängliche Freundlichkeiten zunächst aus der Reserve gelockt wird, um dann aber gnadenlos in die Enge getrieben zu werden, vorerst als haltlos.

Ein Gespräch läuft gar im Stil einer Vermögensanlageberatung mit dem netten Herrn aus der Werbung ab. Mit scherzhaften Bemerkungen werden Wunschgehalt, Wunscheinsatzort und Wunscharbeitsbeginn zu Protokoll genommen. Der Gedanke, daß das Gespräch überhaupt nicht mit einem

Wunschkandidaten geführt wird, kommt dabei gar nicht erst auf. Und so treten die meisten Bewerber die Heimreise auch gutgelaunt und voller Zukunftspläne an.

Wunschdenken, wie sich für 3/4 der Leute bald herausstellt. Telefonisch kann einige Tage später das Ergebnis abgerufen werden. »Leider nein«, heißt es auch für mich am anderen Ende. Der bedauernde Unterton klingt so überzeugend, daß sich beinahe Mitleid mit demjenigen, der diese Nachricht an die hoffnungsvollen Anrufer übermitteln muß, einschleicht. Die Begründung wird auf gleichem Wege mitgeteilt:

Der Gesamteindruck sei ja durchaus positiv. In Sachen Kontaktfreudigkeit, Kooperationsfähigkeit sowie Initiative und Selbständigkeit hätte ich durchweg hohe Werte erzielt. Auch sei ich ausdauernd und belastbar. Aber ... Und jetzt bestätigen sich die Vorahnungen bezüglich meines Rednertalents: Den Ausschlag hätte schließlich der Eindruck im Abschlußinterview gegeben, daß ich für das Bankgewerbe nicht gerade stark motiviert sei. Zum Schluß wünscht mir mein Gesprächspartner noch »Alles Gute fürs nächste Mal ...«

Noch ein Assessment Center? Wahrscheinlich ist es unvermeidbar, denn mittlerweile vertrauen neben den meisten Banken auch viele Industrieunternehmen und selbst Vater Staat auf dieses Nachwuchsselektionsverfahren mit wissenschaftlichem Anstrich. Pseudowissenschaftlich deshalb, weil man, um von einer »hohen Trefferquote« sprechen zu können, ja eigentlich auch eine Kontrollgruppe von »Versagern« einstellen und deren Karriereweg beobachten müßte. Die bekommen jedoch beim nächsten oder übernächsten Mal in einem anderen Unternehmen den begehrten Arbeitsvertrag. »Denn«, so tröstet mich ein Routinier im Bewerbertourismus später, »mit ein bißchen Übung ist da eine ganze Menge zu machen.« Bei seiner Persönlichkeit hatte sich innerhalb kurzer Zeit eine wunderbare Wandlung vollzogen. Nach nur drei Tagen haben ihn die Experten der Konkurrenz als neuen Hoffnungsträger für ihr Unternehmen ausgemacht.

Für mich ein schwacher Trost. Und so frage ich vor dem nächsten Interview erst telefonisch an, ob in diesem Unternehmen auch Gruppenauswahlverfahren zur Anwendung kommen. »Jeden Arbeitstag«, kommt es lakonisch zurück.

Zum Test-Wettrüsten / Fazit

Das Aufzeigen der gängigen Persönlichkeitstestverfahren sollte dazu dienen, Ihnen beim Weg durch den Testdschungel zu helfen, sowie die (oft perfiden) Machenschaften und Tricks der Tester aufzuzeigen und durchschaubar werden zu lassen. Doch auch die Testautoren sind stets damit beschäftigt, neue Tests zu konzipieren, immer in der Hoffnung, daß diese nicht zu »knacken« seien.

»Wir wollen offen zugeben, daß die Herstellung von Tests und Puzzles ein faszinierendes Gesellschaftsspiel ist. Solange Amateurpsychologen immer neue unwiderstehliche Einfälle haben und an das Geheimrezept eines Tests zur Überwindung aller Tests glauben – so lange wird auch im Testgeschäft (!) die Suche nach ausgefallenen Wundermitteln weitergehen.« [9]

Wir bleiben am Ball.

Bewältigungsstrategien

Was kann man als Bewerber, z. B. im Rahmen eines Assessment Centers, gegen diese Art von Persönlichkeitstests tun? Man kann sich durchaus schützen, so lautet die einfache Antwort. Nur wie?

Zunächst einmal kommt es darauf an, sogenannte Persönlichkeitstestverfahren als solche zu erkennen. Zweitens ist es wichtig, die eigene Persönlichkeit, die eigenen Charaktermerkmale möglichst gut zu kennen. Drittens ist es unbedingt notwendig, in Erfahrung zu bringen, welche Persönlichkeitsmerkmale die andere Seite (z. B. die AC-Beobachter, der Arbeitgeber) erwartet bzw. wünscht. Und viertens muß es einem gelingen – leichter gesagt, als getan –, das Übermitteln dieser Merkmale glaubhaft zu gestalten. Persönlichkeitstestverfahren zu durchschauen, überhaupt erst einmal zu wissen, was auf einen zu- und worauf es ankommt, ist das Gebot der Bewerbungsstunde. Diese Kunst ist erlernbar.

Dazu jetzt die Auflösung zu dem im AC-Bericht (S. 69) geschilderten Beispiel (numerieren Sie die Testaussagen von 1–9 auf den Seiten 69/70). Haben Sie gemerkt, worum es geht? Drei »Persönlichkeitsmerkmale« (Faktoren) sind es, die hinter diesen Aussagen stehen:

1.
A *Sachbezogenheit* (kühl und reserviert) gegenüber
B *Kontaktorientierung* (aufgeschlossen und warmherzig)
Frage 3: Antwort a ist kontaktbezogen, c sachbezogen
Frage 6: Antwort a ist sachbezogen, c kontaktbezogen
Frage 7: Antwort a ist sachbezogen, c kontaktbezogen

Haben Sie sich zweimal oder mehr für einen der beiden Faktoren entschieden, ist Ihr Persönlichkeitsbild »festgenagelt«. Sie sind dann also z. B. ein eher kühler, bei dreimal A ein eiskalter Sachmensch ... Bei dreimaliger Kontaktorientierung sind Sie übrigens nicht bloß warmherzig, sondern bereits geschwätzig.

2.
A *Vertrauensbereitschaft* (vertrauensvoll) gegenüber
B *skeptischer Haltung* (mißtrauisch)
Frage 1: Antwort a ist vertrauensvoll, c mißtrauisch
Frage 8: Antwort a ist mißtrauisch, c vertrauensvoll
Frage 9: Antwort a ist vertrauensvoll, c mißtrauisch

Hier wären die Extrempole (dreimalige Ankreuzung) vertrauensvoll-naiv und offen mißtrauisch zu sein bzw. ekelhaft, unangenehm und verschlossen.

3.
A *Emotionale Labilität* (neurotisch) gegenüber
B *emotionaler Stabilität* (gelassen)
Frage 2: Antwort a ist neurotisch, c stabil
Frage 4: Antwort a ist neurotisch, c stabil
Frage 5: Antwort a ist stabil, c neurotisch

Hier geht es um die Polaritäten »neurotisch – gestört« oder »gleichgültig – cool«. Sollten Sie bei diesen 9 Testaussagen insgesamt mehr als zweimal die Antwort b angekreuzt haben (teils-teils, weiß nicht etc.), laufen Sie Gefahr, als Lügner und Vernebler dazustehen, der den Test nicht offen beantworten will.

Bitte verstehen Sie diesen kleinen Demonstrationstest als eine Art didaktisches Beispiel, ohne an Ihr Ergebnis auch nur im entferntesten zu glauben. In der Testrealität jedenfalls wird bei der Auswertung im Prinzip so wie hier vorgegangen: Man legt Ihre Ankreuzungen entsprechend aus und interpretiert. Daraus kann selten etwas Positives resultieren. Auf jeden Fall sollten Sie wissen, daß es keinesfalls immer eindeutig einen »guten« und anstrebenswerten gegenüber einem »schlechten« und zu vermeidenden Persönlichkeitsfaktor gibt.

Es ist schwer, generelle Empfehlungen für das Bearbeiten von Persönlichkeitstests auszusprechen, aber achten Sie darauf, die Fragen nicht zu extrem in eine Richtung anzukreuzen. Es geht um die »richtige Mischung« aus folgenden Komponenten:

- Wie stellt sich der Arbeitgeber den idealen Bewerber für diese Position/Aufgabe vor?
- Wie glauben Sie wirklich zu sein?
- Ausweichen auf die »teils-teils«-Position.

Wie verhalten Sie sich bei Satzergänzungstests? Wenn Sie nicht ablehnen können, halten Sie zumindest Ihre Antworten knapp und sozial erwünscht. Bleiben Sie sachlich, vermitteln Sie den Eindruck, daß Sie sich um aufrichtige Antworten bemüht haben, und bewegen Sie sich im sozial unverfänglichen und konfliktfreien Klischee. Hier ein Beispiel:

- Ich fürchte ... nicht den richtigen Erfolg zu haben
- Früher war ich ... schüchterner als meine Freunde
- Es ärgert mich besonders, wenn ... man mir nicht glaubt.

Diesem Beispiel seien andere Ergänzungsmöglichkeiten gegenübergestellt:

- Ich fürchte ... mich nicht
- Früher war ich ... ein erfolgreicher Torwart unserer Schulmannschaft
- Es ärgert mich besonders, wenn ... andere Menschen abergläubisch sind.

Die Gegenüberstellung macht deutlich, daß die Art und Weise der Vervollständigung der Sätze im zweiten Block z. B. für eine Management-Position unverfänglicher ist.

Wie unterläuft man diese Satzergänzungstests? Verdeutlichen Sie sich positive Verhaltensklischees, die man von Ihnen erwarten kann. Machen Sie sich noch einmal klar: Es geht nicht um Wahrheit oder Ihre reale persönliche Meinung. Hier zwei Beispiele, wie man negativ formulierte Satzanfänge handhaben sollte:

- Ich fürchte ...
  Antwort: ... in der Regel nichts.

- Ich bin besorgt, wenn ...
  Antwort: ... jemand in meiner Familie ernsthaft erkrankt ist.

Banal wirkende Sätze sind keine Gefahr, sondern eher ein Indiz dafür, daß Sie kein Neurotiker sind. Diese – so die Meinung der Test-Autoren – erkennt man eher an den sorgfältig ausgefeilten, komplexen Sätzen. Hier noch einige Beispiele für die banale, aber positive Ergänzung von negativen Satzanfängen, mit dem Resultat einer günstigen Interpretation Ihrer Persönlichkeit:

- Ich kann nicht ...
  Antwort: ... klagen.

- Wenn ich einen Fehler mache, dann ...
  Antwort: ... bemühe ich mich, ihn zu korrigieren.

- Als man mir sagte, das könne ich nicht, ...
  Antwort: ... bat ich, es doch einmal versuchen zu dürfen.

- Wenn alles mißlingt, dann ...
  Antwort: ... suche ich nach der Ursache und beseitige sie.

(Ver-)Verkleidung

Ist Ihnen bewußt, daß Ihr Äußeres, also Ihr gesamtes Auftreten in Form von Körpersprache, aber auch (Ver-)Kleidung eine Herausforderung für den selbsternannten Persönlichkeits-Personal-Chef-Psychologen darstellt?

Hier ein Beispiel, um Ihnen zu zeigen, wie auch Sie in Ihrem Alltags-Privatleben als »Persönlichkeitspsychologe« tätig werden: Stellen Sie sich vor, Sie gehen auf einer belebten Straße spazieren, und Ihnen kommt ein Mann entgegen, dessen Kleidung und Gesamtaussehen deutlich heruntergekommen wirkt. Er bittet Sie um drei 10-Cent-Stücke, weil er angeblich kein Geld zum Telefonieren hat. Was werden Sie denken? Sehr wahrscheinlich nehmen Sie ihm diese Geschichte und Bitte nicht so einfach ab, sondern vermuten, hier will jemand Geld schnorren (10 Passanten = 3 Euro), um sich aller Wahrscheinlichkeit nach Alkohol zu kaufen. Sie sind ein Mensch mit Prinzipien (»Für Alkohol gebe ich kein Geld«) und lehnen ab.

Stellen Sie sich die gleiche Situation mit einem halbwegs zivil gekleideten, ordentlich aussehenden Passanten vor, der Sie freundlich anschaut, direkt anspricht und kurz erklärt, daß er sein Geld verloren hat und unbedingt drei Groschen zum Telefonieren braucht. So angesprochen, wird man Sie viel eher dazu bewegen, den kleinen Betrag »herauszurücken«. Dieses kleine Beispiel soll lediglich dazu dienen, Ihnen zu vermitteln, daß auch Sie im Alltagsleben wie ein Persönlichkeitspsychologe reagieren.

Übrigens: Beim Griff nach der Brieftasche sind Sie diese auch schon los und sehen gerade noch die Hacken des gutgekleideten Passanten ... So leicht kann man sich irren. Sehen Sie, so ist das mit der Persönlichkeitspsychologie und ihren Theorien ...

Wenden wir uns zunächst den (Ver-) Kleidungs-Persönlichkeitstests zu. Das alte Sprichwort »Kleider machen Leute« ist Ihnen sicherlich geläufig, und wer sich z. B. um einen Arbeitsplatz in einer Bank bewirbt, tritt besser nicht in Sportschuhen und Jeans auf. Dagegen sind gerade diese Bekleidungsutensilien bei einer Bewerbung als Verkäufer in einem Sportgeschäft dazu angetan, Pluspunkte zu sammeln, während der seriöse, dunkelblaue, dezent gemusterte Anzug hier einen sehr zweifelhaften Eindruck hinterlassen könnte.

Mit anderen Worten: Wer Schlosser werden möchte, muß zwar nicht im Blaumann antreten, sollte aber auch nicht seinen Konfirmationsanzug herausholen, und wer bei einer Notar- und Rechtsanwaltskanzlei im Büro zu arbeiten vorhat, sollte sich vorsichtshalber beim ersten Vorstellungsgespräch nicht unbedingt in Sport- und Joggingoutfit vorstellen.

Es gibt zwar keine Patentrezepte, aber eine generelle Empfehlung: Schauen Sie sich doch einfach mal typische Berufsvertreter in dem von Ihnen angestrebten Beruf an und orientieren Sie sich an deren Kleidung. Bei einer Versicherung gibt es sehr wohl locker und sportlich-dezent, aber ebenso sehr konservativ-seriös Gekleidete. Auch bei anderen Verwaltungsberufen ist sicherlich – wie so häufig im Leben – ein ausgewogener Mittelweg nicht von Nachteil.

Verdeutlichen Sie sich, daß Sie mit Ihrem Erscheinungsbild auch schon eine Art Arbeitsprobe und Visitenkarte abgeben. Vermeiden Sie es, besser gekleidet zu sein als Ihr Gegenüber, verzichten Sie auf Extravaganz, grelle, poppige, übertriebene Maskerade (Schminke) – mit vielleicht einer Ausnahme: Sie bewerben sich bei einer Werbeagentur oder in der »Kunstszene«.

Einem Gerücht zufolge hat man bei der Deutschen Bank als Bewerber mit weißen Socken null Chancen, selbst wenn man sein Prädikatsexamen aus dem grauen Nadelstreifenanzug (feinstes Tuch) ziehen kann. Irgendwie aber auch ein bißchen verständlich, was die Ästhetik anbetrifft – oder?

Körpersprache

Nun können Sie sich auch in einem sehr seriös anmutenden grauen maßgeschneiderten Anzug oder Kostüm alle Chancen auf den zur Auswahl stehenden Job vermasseln, wenn Sie auftreten wie ein Hampelmann oder wie ein Betrunkener. Mit anderen Worten: Nicht nur das Aussehen, sondern auch die Art und Weise, wie Sie Ihren Körper bewegen, prägt das Bild, das man sich von Ihrer Persönlichkeit macht.

Wie viele Sprachen beherrschen Sie? Ihre Muttersprache, Fremdsprachen – sehr schön. Und ... Viele Personalchefs und Taschenpsychologen glauben, die Körpersprache zu beherrschen bzw. zu verstehen. Der Körper lügt angeblich nicht. Erhobener Zeigefinger, hochgezogene Augenbrauen, gerümpfte

Nase und eine in Falten gelegte Stirn sprechen eine deutliche Sprache. Wer die Hände im Schoß faltet oder hinter dem Kopf verschränkt, signalisiert seiner Umwelt bewußt oder unbewußt etwas. Nur was, das ist die Frage.

Personalchefs hantieren gerne mit Listen, aus denen sie meinen, schnell ablesen zu können, was eine bestimmte Haltung, Geste, Mimik usw. für eine Bedeutung hat – auf ähnlichem Niveau wie die diversen Traumdeutungsbücher, die einem angeblich aufs Stichwort genau verraten, was der Traum der vergangenen Nacht bedeutet.

Im wesentlichen geht es um

- Blickverhalten
- Mimik
- Gesten
- Körperhaltung
- Sprechweise
- Geruch

Bitte nehmen Sie die folgende Liste nicht zu ernst, aber Sie sollten wissen, wie Ihr Verhalten möglicherweise interpretiert werden könnte.

Körpersignal	**Bedeutung**
Blickverhalten	
Augen betont weit offen	Aufmerksamkeit, Aufnahmebereitschaft, Sympathie, Weltoffenheit signalisierend, Flirtverhalten
verengte Augenöffnung	Konzentration, Entschlossenheit, Eigensinn, Kleinlichkeit, überkritische Haltung
zugekniffene Augen	Abwehr, Unlust

Körpersignal	Bedeutung
gerader Blick	Offenheit, Gewissensreinheit, Vertrauen
schräger Blick	abschätzende Zurückhaltung
häufiger Blickkontakt	Sympathie
häufiges Wegsehen	mangelnde Sympathie oder Verlegenheit
auffällig häufiger Lidschlag	Unsicherheit, Befangenheit u. U. nervöse Störung

Mimik

offenes Lächeln	offene Heiterkeit, uneingeschränkte Mitfreude
gequältes Lächeln	ironisch, schadenfroh, blasiert, ängstlich
überwiegend geöffneter Mund	Mangel an Selbstkontrolle
zusammengepreßter Mund	Zurückhaltung, Reserviertheit, Verkniffenheit, Kontaktarmut
Mundwinkel nach unten	Bitterkeit, Pessimist, depressiv
Mundwinkel nach oben	Aktivität bis Abwehr
Heben der Augenbrauen	Ungläubigkeit oder Arroganz

Gesten

übertrieben kräftiger Händedruck (»Knochenbrecher«)	Rücksichtslosigkeit, Angeberei
kräftiger Händedruck ohne Übertreibung	Aufrichtigkeit, Sicherheit
schlaffer Händedruck (»tote Hasenpfote«)	Unsicherheit, kontaktarm, leicht beeinflußbar
Hand wegziehend	Verschlossenheit
verschränkte Arme	
– bei Männern	Ablehnung, Verschlossenheit
– bei Frauen	Selbstschutz, Angst

Körpersignal	Bedeutung
Hand vor den Mund halten	
– während des Sprechens	Unsicherheit
– nach dem Sprechen	will das Gesagte zurücknehmen
Sprecher hält Armlehnen mit beiden Händen fest	Aggressivität, aber etwas unsicher, neigt zur Weitschweifigkeit
Kopf auf Hände stützen	Nachdenklichkeit, Erschöpfung, Langeweile
Spitzdach mit den Händen formen	Arroganz, Abwehr gegen Einwände
Hände reiben	selbstgefällig, selbstzufrieden
spielende Hände	Erregung, Nervosität, Befangenheit, Angst, Verwirrung
mit dem Finger auf den Gesprächspartner zeigen	Angriff, Wut
Hand zur Faust verkrampfen	Wut, verhaltener Zorn
Anfassen der Nase	Nachdenklichkeit, kritische Haltung, Verlegenheit
über den Hinterkopf streichen, Zupfen an den Ohren	Verlegenheit, Unbehagen, Ärger
Streichen des Kinns	Nachdenklichkeit, Zufriedenheit
Finger zum Mund nehmen	verlegen, unsicher
mit den Fingern trommeln	Nervosität, Ungeduld
häufiges Spielen mit dem Ring ..	Eheprobleme, frustriert vom häuslichen Leben
häufiges Abnehmen der Brille ...	Ablehnung, Angriff, Nervosität

Körperhaltung

Achselzucken, die Handflächen nach außen	passive Hilflosigkeit
übereinandergeschlagene Beine	
– zum Gesprächspartner hin	Aufbau eines Sympathiefeldes
– vom Gesprächspartner weg ...	Ablehnung, Unwillen
übergeschlagene Beine, Knie in die Hand gestützt	kritisch, skeptisch

Körpersignal	Bedeutung
dicht aneinandergestellte Füße beim Sitzen	schuldhafte Ängstlichkeit, Einzelgänger, überkorrekte Grundeinstellung
breit auseinanderklaffende Beine beim Sitzen	sorglose Unbekümmertheit, Rücksichtslosigkeit
friedlich ruhende Sitzhaltung ...	Selbstsicherheit, aber auch robuste Unbekümmertheit, seelische Erschöpfung
alarmbereite Sitzweise (auf dem Sprung sein)	Mangel an Selbstvertrauen und Sicherheit, Mißtrauen, innere Unruhe, Angst, Nervosität
Füße um die Stuhlbeine legen ...	Unsicherheit, Suche nach Halt
Füße nach hinten nehmen	Ablehnung
mit den Füßen wippen	Arroganz, Ungeduld, Sicherheit, Aggressivität
steife, militärische Körperhaltung, geziert aufrecht	Unterdrückung von Angst
breitbeinig dastehen, Daumen in die Achselhöhlen	Selbstsicherheit
den Oberkörper weit nach vorn lehnen	Interesse, Sympathie, Wunsch zu unterbrechen
den Oberkörper weit zurücklehnen	Desinteresse, Ablehnung

Sprechweise

lautstarke Stimme	Vitalität, Selbstbewußtsein, Kontaktfreude, aber auch Unbeherrschtheit, Geltungsdrang
leise, flüsternde Stimme	Schwäche, mangelndes Selbstbewußtsein, aber auch Sachlichkeit, Bescheidenheit

Körpersignal	Bedeutung
schnelles Sprechtempo	Impulsivität, Temperament, aber auch ungezügelt, nervös
langsames Sprechtempo	antriebsschwach, aber auch Sachlichkeit, Besonnenheit, Ausgeglichenheit
wechselndes Sprechtempo	innere Unausgeglichenheit
ausgeprägte Pausengestaltung ..	Disziplin, Selbstbewußtsein
starke Akzentuierung	Lebhaftigkeit, Gefühlsstärke
schwache Akzentuierung	Uninteressiertheit, mangelnde geistige Flexibilität

Geruch

parfümiert	werbend
überstark parfümiert	unsicher, vernebelnd
Schweißgeruch	ängstlich, unordentlich

»Corrigez la fortune« – Thema Notlügen

Vor jedem Gericht haben Sie das Recht zur Aussageverweigerung, wenn Sie sich ansonsten selbst belasten, also schaden würden. Da aber die Nichtbeantwortung von Fragen während eines Persönlichkeitstests als Testboykott angesehen würde und dies mit Sicherheit negative Konsequenzen bezüglich Ihrer Bewerbung hätte, gilt es andere Wege zu finden, um sein Recht auf Schutz der Persönlichkeit wahrzunehmen.

Bedenken Sie: Sie stehen nicht unter Eid und unterliegen keiner moralischen Verpflichtung! Niemand kann Sie zwingen, die Wahrheit zu sagen! Die Wahrheit wäre in diesem Fall die Preisgabe ihres Innenlebens, und das sollten Sie eigentlich nur Menschen anvertrauen, die dieses Wissen nicht mißbrauchen.

Es ist daher mehr als nur legitim, die Wahrheit etwas zu korrigieren! Es wäre geradezu grob fahrlässig, ja sogar dumm und selbstschädigend, auf die Frage: »Geben Sie schnell auf, wenn Sie nicht gleich weiterkommen?« mit einem »Ja« zu antworten. Doch Vorsicht, auch kaschieren will gelernt sein! Wenn Sie den Eindruck eines makellosen Supermenschen erwecken, wird jeder Testauswerter mit Sicherheit zunächst einmal stutzig werden.

Daher: Anstatt tolldreist zu lügen, besser das (Test-) Schicksal elegant korrigieren und mitspielen, denn die geheimen Regeln kennen Sie jetzt.

Emotionale Intelligenz – Die Weisheit der Gefühle

Intellegere (lateinisch): einsichtig sein, erkennen

»Cogito ergo sum« – »Ich denke, also bin ich.« Dieser berühmte Ausspruch des französischen Philosophen René Descartes wurde prägend für das abendländische Denken im Sinne einer einseitigen Verstandes- und Vernunftorientierung. Davon beeinflußt wurde natürlich auch die akademische Psychologie, die sich – zumindest in zwei ihrer Unterdisziplinen, der Diagnostik und Testpsychologie – primär auf die Erfassung intellektueller Fähigkeiten konzentriert.

Was aber ist unter »Intelligenz« genau zu verstehen? Kaum ein anderer Begriff aus den Bereichen Psychologie und Soziologie ist mit mehr Definitions- bzw. Erklärungsversuchen belegt worden. Viele dieser Deutungsmuster haben sich als überholt und falsch erwiesen, andere wiederum erklären das Phänomen überzeugend, jedoch aus sehr unterschiedlichen Sichtweisen. Grundsätzlich muß betont werden, daß es verschiedene Formen von Intelligenz gibt; lediglich die eine Intelligenz prüfen zu wollen, wie dies in veralteten IQ-Tests versucht wurde, ist also ein von Beginn an sinnloses Unterfangen.

Eine praktikable und leicht verständliche Kurzformel lieferten Siegfried Brockert und Gabriele Braun in *Das EQ-Testbuch – Wie groß ist Ihre emotionale Intelligenz?* [10]. Sie definierten das Phänomen der Intelligenz als »die Fähigkeit, den Anforderungen, die die Welt an uns stellt, bestmöglich zu entsprechen«.

Somit ist anzumerken, daß natürlich auch Flexibilität eine Erscheinungsform der Intelligenz darstellt.

Der amerikanische Psychologe Howard Gardner wies bereits in den 70er Jahren darauf hin, daß der Begriff der Intelligenz bis dahin viel zu einseitig – reduziert auf logisch-rationale Fähigkeiten – definiert worden war. Er formulierte daraufhin das Modell der »multiplen Intelligenzen«. Gardner klassifizierte die verschiedenen Arten von Intelligenz wie folgt:

- Sprachliche Intelligenz
- Mathematisch-logische Intelligenz
- Räumliches Wahrnehmungsvermögen
- Musikalische Intelligenz
- Körperlich-motorische Intelligenz
- Intrapsychische Intelligenz (die Fähigkeit, eigene Gefühle richtig einordnen zu können)
- Interpersonale Intelligenz (die Sensibilität, auf das Gefühlsleben anderer eingehen zu können)

Die beiden letztgenannten Formen der Intelligenz bilden dabei das Gerüst der emotionalen Intelligenz. Das *Oxford English Dictionary* definiert Emotion als »eine Beunruhigung oder Störung der Seele, Gefühl, Leidenschaft; ein heftiger oder erregter Gefühlszustand«. Allgemein kann man Emotionen als subjektiv empfundene Wahrnehmungen unseres Seelenlebens bezeichnen. Der amerikanische Psychologe und Publizist Daniel Goleman (*Emotional Intelligence*) differenziert zwischen folgenden acht Grundgefühlen:

- Überraschung
- Furcht
- Ekel
- Schuld bzw. Scham

- Zorn / Wut bzw. Aggression
- Trauer
- Liebe
- Glück

Die am häufigsten empfundenen emotionalen Zustände sind zumeist Mischformen aus diesen Grundgefühlen. Nach Goleman sind Emotionen »Gefühle mit dazugehörigen eigenen Denkvorgängen, psychischen Umständen, physischen Zuständen und den entsprechenden Handlungsbereitschaften«.

Wo aber liegen die Unterschiede zwischen der rationalen und der emotionalen Intelligenz? Stellen Sie sich folgende Situation vor: Ein Kleinkind überwindet ein Geländer und fällt vor Ihren Augen in ein Gewässer, weit und breit ist kein anderer Mensch in Sichtweite. Wie würden Sie reagieren?

Ihr Verstand, also Ihre rationale Intelligenz, würde Sie gewiß veranlassen, die Situation zu analysieren und abzuwägen, ob es besser wäre, selbst zu springen, um das Kind zu retten und sich dabei vielleicht auch in Gefahr zu begeben (wenn Sie mit untergingen, könnte auch niemand mehr das Kind retten, Sie waren ja schließlich der einzige Augenzeuge), oder alternativ nach professioneller Unterstützung zu rufen. Doch dann könnte es bereits viel zu spät sein, dieses Ereignis ließe nicht viel Zeit zum Überlegen. Springen oder nicht? Die Entscheidung wäre mit Gewißheit intuitiv, die Handlungsbarriere, die es zu überwinden gälte, wäre letztlich ein Gefühl, nämlich Ihre Angst vor dem Sprung ins Wasser. Sie würden also in Ihrer Handlungskonsequenz von Ihrer emotionalen Intelligenz gesteuert werden.

Diese Konfliktsituation macht klar, was rationale von emotionaler Intelligenz unterscheidet: Während mit der rationalen Intelligenz bekannte Fakten analytisch verarbeitet werden, nach Logik und Verstand geprüft, abgewogen und schließlich gehandelt wird, ist die emotionale Intelligenz charakterisiert durch schnelle, intuitive Entscheidungen, deren Richtigkeit zunächst nicht in Frage gestellt wird; die Handlungen erfolgen »aus dem Bauch heraus«, also der Logik der eigenen Psyche folgend, gefühlsmäßig und harmonieorientiert; das Ergebnis beruht letztlich auf der emotionalen Kreativität mit allen daraus folgenden Konsequenzen (die nicht unbedingt immer zwingend positiv sein müssen).

Der amerikanische Psychologe John Major beschrieb zusammen mit dem Intelligenz- und Emotionsforscher Peter Salovey die fünf wesentlichen Charakteristika der emotionalen Intelligenz:

- das Erkennen der eigenen Gefühle
- die Fähigkeit, eigene Emotionen konstruktiv einordnen zu können
- die emotionale Kreativität (das Umsetzen der emotionalen Kraft)
- die Empathie (die Fähigkeit, sich in die Gefühle anderer Menschen hineinversetzen zu können
- das Engagement im zwischenmenschlichen, sozialen Verhalten

Die Quintessenz der Betrachtungen über die emotionale Intelligenz faßt Daniel Goleman schließlich folgendermaßen zusammen: »Für die Gesamtheit der Fähigkeiten, die die Intelligenz der Gefühle darstellen, gibt es ein altmodisches Wort: Charakter.« – Wie wahr!

Soziale Intelligenz / Soziale Kompetenz

Die soziale Kompetenz stellt einen nicht unerheblichen Aspekt der emotionalen Intelligenz dar. Unter sozialer Kompetenz versteht man die Fähigkeit, die zwischenmenschlichen Beziehungen, sei es nun verbal oder nonverbal, konstruktiv und für alle Beteiligten zufriedenstellend zu gestalten. Das Fundament der sozialen Kompetenz bildet die sogenannte soziale Intelligenz.

Der Intelligenzforscher Edward L. Thorndike definierte die soziale Intelligenz bereits in den 20er Jahren als »die Fähigkeit, andere zu verstehen und in menschlichen Beziehungen klug zu handeln«. Soziale Intelligenz ist damit die Sensibilität, auf Stimmungen, Motive und Intentionen anderer Menschen eingehen zu können und diese menschlich-kreativ weiter zu verarbeiten. Soziale Intelligenz kann somit als interpersonelle oder zwischenmenschliche Intelligenz angesehen werden.

Die Gabe, diese Fähigkeit im Alltag auch umsetzen zu können, ist also die soziale Kompetenz. Besonders in der sich stetig weiterentwickelnden Dienstleistungs- und Informationsgesellschaft rückt die soziale Kompetenz immer mehr in den Mittelpunkt, da zunehmend der Mensch selbst zum eigentlichen Wirtschaftsprodukt wird. Teamgeist, Kommunikationsfähigkeit und Sensibilität sind dabei, wieder den Stellenwert in den beruflichen Anforderungen einzunehmen, den sie vor der industriellen Revolution einst besaßen.

Die Kernpunkte der sozialen Kompetenz sind:

Sensibilität
Einfühlungsvermögen, Probleme und Gefühle anderer erkennen und berücksichtigen; realistische Einschätzung der Wirkung der eigenen Person auf andere.

Kontaktfähigkeit
Auf andere Menschen zugehen können, Kommunikationsbereitschaft zeigen; andere an Gesprächen teilhaben lassen; Offenheit bei eigenen Zielen, Absichten und Methoden; vertrauensvoller und hilfsbereiter Umgang mit anderen Menschen.

Kooperationsfähigkeit
Aufgreifen und Weiterführen der Ideen anderer; sich nicht auf Kosten anderer profilieren; den eigenen Erfolg mit anderen teilen können; Verzicht auf Konkurrenzdenken, Machtinteressen und Rivalität.

Integrationsvermögen
Ursachen von Konflikten erkennen und für alle Beteiligte akzeptable Lösungen anstreben; unterschiedliche Interessen zielgerichtet »kanalisieren«, ohne dabei eigene Konzepte zu vernachlässigen.

Informationsbereitschaft
Andere mit Informationen versorgen; wichtige Informationen nicht zurückbehalten; zuhören können und Zeit für Gespräche haben.

Ausgeglichenheit
Auf persönliche Angriffe angemessen
und nicht zu aggressiv reagieren;
andere nicht provozieren
und sich selbst nicht provozieren lassen;
in seiner Stimmungslage berechenbar sein.

Wie häufig im Bereich der sozialen Kompetenz Defizite vorliegen, erfahren wir beinahe täglich in Streßsituationen, die alleine auf die Unfähigkeit, sich zwischenmenschlich »kompetent« zu verhalten, zurückzuführen sind. Darüber hinaus können besonders stark belastende Situationen im Berufsleben wie Mobbing, Überforderung, Entlassung oder Dauerarbeitslosigkeit zu abweichenden Verhaltensmustern, der sogenannten sozialen Neurose, führen. Angstzustände, Fluchtverhalten (»blau machen«, »blau« sein) oder Vereinsamungstendenzen sind nur einige exemplarische Symptome dieser gesellschaftsproduzierten Defizite.

Die soziale Kompetenz ist trainierbar, d.h., es existieren Möglichkeiten, soziale und emotionale Fähigkeiten weiter zu entwickeln und zu verbessern, um zwischenmenschliche Kommunikations- oder Konfliktsituationen besser bewältigen zu können. Die Verfahren hierzu werden in der Psychotherapie als »Training sozialer Kompetenz« (TSK) bezeichnet. Dazu gehören u.a. Rollenspiele, Verhaltens- und Nachahmungsübungen sowohl einzeln, als auch in Gruppen, wodurch der individuelle Sozialcharakter gefestigt und das Selbstbewußtsein sowie die Selbstsicherheit gestärkt werden.

Zusammengefaßt ist die soziale Kompetenz das Ausmaß, in dem ein Mensch in der Interaktion mit anderen im privaten, beruflichen und gesellschaftlichen Kontext selbständig, umsichtig und konstruktiv zu handeln vermag. Es geht dabei um die Fähigkeit, zwischenmenschliche Kommunikation und Interaktionen optimal zu gestalten. Die Schlüsselqualifikationen hierfür sind Einfühlungsvermögen, Kommunikations- und Teamfähigkeit sowie Konfliktlösungskompetenz.

All dies wird durch die sog. Intelligenz-, Konzentrations-, Leistungs- und Berufseignungstests nicht erfaßt und läßt schon deshalb auf deren Mangelhaftigkeit rückschließen. Schon eher, wenn auch noch viel zu unordentlich und unprofessionell, werden diese Merkmale in den Persönlichkeitstests, besonders aber in den Assessment Centern geprüft. Aber auch deren Ergebnisse sind noch als unbefriedigend zu bezeichnen. Auf der Suche nach dem berüchtigten »Stein der Weisen« wird wohl noch viel Zeit vergehen. Das Ziel ist noch lange nicht erreicht – und wird vielleicht auch nie zu erreichen sein.

Erfolgsintelligenz – Der Weg zum Ziel

Emotionale, soziale und logisch-analytische Intelligenz gepaart mit Bildung bieten zusammen noch keine Garantie dafür, daß die gesteckten Ziele im Leben auch wirklich erreicht werden können. Zur Umsetzung dieser Fähigkeiten bedarf es einer weiteren wichtigen Komponente, der sogenannten Erfolgsintelligenz. Hierzu ein anschauliches Beispiel:

Zwei Touristen befinden sich auf einer Fotosafari im Süden Afrikas. Obwohl sie zusammen reisen, sind sie doch sehr unterschiedlich: Herr Schmidt ist angehender Jurastudent, hatte sehr gute Abiturnoten und besitzt ein gesundes Selbstbewußtsein; Herr Müller, der andere, wurde wegen schlechter Schulnoten vom Gymnasium verwiesen und hält sich zur Zeit mit Gelegenheitsjobs einigermaßen gut über Wasser.

Auf der Suche nach einem ansprechenden Fotomotiv haben sich die zwei weit von ihrem Jeep entfernt, als sie unverhofft einem ausgehungerten Löwen gegenüberstehen, der ihnen augenblicklich anzeigt, daß er sich diese Beute nicht entgehen lassen wird. Herr Schmidt erkennt sofort, daß der Löwe die Distanz zu ihnen in weniger als 40 Sekunden zurückgelegt haben wird und es bis zum Fahrzeug mehr als 3 Minuten wären. Er bleibt wie gelähmt stehen, während Herr Müller seine Trekkingschuhe auszieht und in seine mitgebrachten Sportschuhe schlüpft. Panisch herrscht Herr Schmidt ihn an: »Was soll der Quatsch? Wir können doch nicht schneller als ein Löwe rennen!« Herr

Müller entgegnet lächelnd: »Schneller als ein Löwe? Nein, ich muß doch aber auch nur schneller rennen als du.«

Dieses Beispiel macht deutlich, welcher Art erfolgreiches Handeln sein muß. Während Herr Schmidt die Situation zwar richtig analysiert, aber kraft seines Wissens eine Ausweglosigkeit diagnostiziert hat, findet Herr Müller einen praktikablen und ideenreichen Weg zur Lösung seines Problems. Er beweist damit seine Erfolgsintelligenz.

Der Intelligenzforscher Robert J. Sternberg definiert in *Successful Intelligence* die Erfolgsintelligenz als eine Kombination aus analytischer, kreativer und praktischer Intelligenz und beschreibt 20 wesentliche Stufen auf der Treppe zum Erfolg. Diese nach Sternberg »20 Zutaten des Erfolges« sollten Ihnen nicht vorenthalten bleiben:

Selbstmotivation

Gemeint ist hier der Wille zum Erfolg. Grundsätzlich gibt es zwei Arten von Motivation: die innere und die äußere. Zur äußeren gehören Faktoren wie Anerkennung oder materielle Anreize. Diese Faktoren machen jedoch das notwendige Handeln von Umständen abhängig, auf die man keinen oder nur einen geringen Einfluß hat. Die Motivation aus sich selbst heraus (z. B. durch Freude an der Arbeit) hingegen ist günstiger, da sie unabhängiger von externen Faktoren macht. Am erfolgsintelligentesten sind sicher die Menschen, die beide Arten der Motivation günstig miteinander verbinden können.

Die Fähigkeit, Impulse kontrollieren zu können

Impulsive Reaktionen sind an sich nichts ungewöhnliches und in einigen Situationen durchaus notwendig. Dennoch kann das sofortige Ausleben der inneren Impulse zu unüberlegtem Handeln führen und verhindern, daß eigentlich vorhandene Fähigkeiten umgesetzt werden können. Personen mit Erfolgsintelligenz handeln daher – wenn notwendig – rasch, ansonsten aber eher aus ihrer Erfahrung und nach einer Zeit des Abwägens heraus.

Das Wissen um die Notwendigkeit von Ausdauer

Ausdauer gehört sicherlich zu den wichtigsten Faktoren der Erfolgsintelligenz. Wer zu schnell resigniert, wird seine Ziele niemals erreichen können. Wer hingegen – trotz offensichtlicher Aussichtslosigkeit – zu lange an einer Sache festhält, blockiert sich auf seinem Lebensweg unnötig selber. Erfolgsintelligent handeln also Menschen, die erkennen, wann Beharrlichkeit notwendig ist; dies muß sich nicht auf das Berufsleben beschränken, auch in anderen Situationen, wie im wiederholten Werben um einen Menschen, in den man verliebt ist, kann ein realistisches Maß an Beharrlichkeit zum erhofften Ergebnis führen.

Das Beste aus seinen Fähigkeiten machen zu können

Zunächst einmal ist es wichtig, seine Fähigkeiten überhaupt zu erkennen. Häufig passiert dies durch Erfahrungen, die im Berufsleben gesammelt werden. Personen mit Erfolgsintelligenz ziehen daraus ihre Schlüsse und wechseln, falls möglich, in einen Berufszweig, der ihren Fähigkeiten am besten entspricht.

Das Umsetzen von Ideen in Taten

»Wir haben festgestellt, daß nur die Tat uns Beine macht« (Klaus Hoffmann). Dieses Zitat beschreibt treffend, daß die besten Ideen letztendlich zu nichts führen, wenn sie nicht umgesetzt werden; Menschen können dann durchaus sogar von »ihren Gedanken begraben« (E. R. Guthrie) werden. Erfolgsintelligente Personen haben es gelernt, ihr Denken entsprechend umzusetzen. Interessanterweise ist diese Fähigkeit nicht immer von einem hohen IQ abhängig: Während Menschen mit einem höheren IQ in entspannten Situationen bessere Führungsstärken als Personen mit einem eher niedrigen IQ zeigen, ist dies bei Streß sehr häufig umgekehrt.

Ergebnisorientiertes Handeln

»Der Weg ist das Ziel.« Diese alte Weisheit trifft ausnahmsweise nicht zu, wenn es um Erfolgsintelligenz geht. Hier ist eher das Ergebnis von entscheidender Bedeutung; das Betrachten einer schönen Allee bringt einen noch nicht zum gewünschten Zielort. Menschen mit Erfolgsintelligenz interessieren sich zwar durchaus auch für Verlaufsprozesse, legen aber ihre eigentliche Konzentration auf das Produkt, das erzeugt werden soll, sie handeln stark ergebnisorientiert.

Das Erledigen angefangener Arbeiten

Personen mit Erfolgsintelligenz sind keine »Abbrecher«; Dinge, die von ihnen begonnen worden sind, werden von ihnen meistens auch zu Ende geführt. Die Furcht vor dem »Danach«, die viele Menschen zaudern läßt, ist ihnen weitestgehend unbekannt.

Initiative ergreifen

Jede Initiative bedeutet eine Bindung an eine Situation und bedingt Konsequenzen. Die Hemmung, sich auf etwas einlassen zu können, ist einer der Hauptgründe, weswegen Menschen eine Scheu haben, die Initiative zu ergreifen. Die Angst vor Verbindlichkeit hindert viele daran, eine tiefere Beziehung zu einem anderen Menschen einzugehen. Erfolgsintelligente Personen besitzen die Fähigkeit, sich verantwortungsbewußt auf etwas einzulassen und ängstigen sich somit auch im Gefühlsleben nicht vor »positiven« Konsequenzen.

Keine Angst vor Fehlschlägen

Alle Menschen machen Fehler, und niemand begeht sie absichtlich. Was Menschen jedoch unterscheidet, sind die daraus gezogenen Konsequenzen. Viele Menschen entwickeln Versagensängste, die meist schon in der Kindheit entstehen und einem erfolgsorientierten Handeln im Wege stehen. Einen Fehler zu begehen ist jedoch nicht dasselbe wie Versagen. Auch erfolgsintelligente Personen begehen natürlich Fehler, sie machen jedoch den gleichen Fehler nicht zweimal. Aus Fehlern zu lernen und sie zu korrigieren ist ein wichtiger Aspekt der Erfolgsintelligenz.

Dinge nicht auf die lange Bank schieben

Viele Menschen behaupten, sie könnten unter Zeitdruck besser arbeiten. Diese Bewältigungsstrategie ist jedoch meist sehr problematisch; erwiesenermaßen würden fast alle Aufgaben qualitativ besser erledigt, wenn man die entsprechende Zeit dafür verwenden würde. Das gilt natürlich auch fürs Berufsleben. Personen mit Erfolgsintelligenz teilen sich ihre Zeit so ein, daß sie ihre Aufgaben gut erledigen können.

Das Akzeptieren von berechtigter Kritik

Menschen, die derart von sich überzeugt sind, daß sie sich für nahezu unfehlbar halten, suchen für jeden gemachten Fehler, mag er auch noch so klein sein, einen Schuldigen. Doch falsche Schuldzuweisungen können im Privat- wie im Berufsleben schwerwiegende negative Konsequenzen nach sich ziehen. Personen mit Erfolgsintelligenz übernehmen die Verantwortung für gemachte Fehler, sie fordern keine Entschuldigungen und übertragen auch nicht ihre Schuld auf andere. Die Zugabe eines Irrtums läßt auf innere Größe rückschließen und bietet zudem die Chance, daraus zu lernen.

Die Ablehnung von Selbstmitleid

Es ist oftmals schwer, sich nicht selbst zu bedauern, wenn sich Lebenssituationen ergeben haben, mit denen man nur schwer klarkommt und die einen stark belasten. Permanentes Selbstmitleid jedoch ist kontraproduktiv und erzeugt genau das Gegenteil von dem, was eigentlich intuitiv erhofft wurde – Zuwendung. Statt dessen reagieren die Mitmenschen mit wachsender Ungeduld und wenden sich schließlich ab. »Personen mit Erfolgsintelligenz haben keine Zeit für Selbstmitleid« (Sternberg). Sie setzen statt dessen alles daran, für sie ungünstige Situationen so schnell wie möglich wieder ins Lot zu bringen.

Unabhängigkeit im Handeln

Selbständiges Handeln ist für die meisten Aufgaben eine unabdingbare Voraussetzung. Bleibt die Fähigkeit hierzu unterentwickelt, kann der schulische und später der berufliche Erfolg stark gefährdet sein. Selbst in der Teamarbeit wird selbständiges Arbeiten und Denken erwartet. Personen mit Erfolgsintelligenz bauen in erster Linie auf sich selbst; sie agieren souverän und übernehmen die Verantwortung für ihre Handlungen.

Der Versuch, persönliche Schwierigkeiten zu überwinden

Persönliche Krisen haben meist Auswirkungen auf alle Lebensbereiche und somit auch auf das Berufsleben. Erfolgsintelligente Menschen haben erkannt, daß es nicht der richtige Weg ist, persönlichen Schwierigkeiten auszuweichen und stellen sich auch unangenehmen Situationen; doch trennen sie ihr Berufs- und Privatleben soweit wie möglich.

Die Konzentration auf die eigenen Ziele

Intelligenz ist keine Voraussetzung für Konzentrationsfähigkeit. Vielen Menschen gelingt es nie, sich längere Zeit auf eine einzige Sache zu konzentrieren. Gewiß ist Ablenkbarkeit ein Faktor, den niemand gänzlich ausschließen kann, doch können erfolgsintelligente Menschen sich ohne allzu große Probleme auf die wesentlichen Dinge konzentrieren, da sie die Rahmenbedingungen kennen, unter denen sie am effektivsten arbeiten können und sich diese dann zu ihrem eigenen Vorteil auch schaffen.

Das Finden der Mitte zwischen Überbelastung und Unterforderung

Zuviel Ehrgeiz kann auch schädlich sein: Wer sich überschätzt und sich zuviel zumutet, erreicht die gesteckten Ziele trotz Engagement und harter Arbeit nur selten. Es besteht ständig die Gefahr, sich in zu vielen Einzelprojekten zu verlieren. Genauso schädlich kann jedoch Unterforderung sein, da persönliche Qualitäten nicht zum Einsatz kommen und so verkümmern können; darüber hinaus werden möglicherweise Chancen verpaßt. Menschen mit Erfolgsintelligenz wissen ihre Kapazitäten optimal einzusetzen und auch ihre Zeit zur Leistungssteigerung richtig einzuteilen.

Die Geduld beim Warten auf Belohnungen

Die Erfolgsleiter im Leben ist meist steil und hoch. Erfolg zu erlangen ist ein langwieriger Prozeß, der den berechtigten Wunsch nach entsprechender Anerkennung oft lange Zeit unberücksichtigt läßt. Dieser Wunsch bringt viele Menschen dazu, sich nur auf Aufgaben einzulassen, die in relativ kurzer Zeit zu realisieren sind; dadurch bleiben größere, längerfristig konzipierte Projekte oft unverwirklicht. Personen mit Erfolgsintelligenz nehmen zwar die kleinen Entlohnungen des Lebens war, konzentrieren sich jedoch primär auf die Dinge – sei es nun beruflich oder privat – , die ihnen längerfristig die größten Erfolgserlebnisse bereiten.

Das Differenzieren zwischen wichtigen und unwichtigen Dingen

Sicher gibt es Situationen, in denen winzige Details immens bedeutsam sind, wie z. B. beim Bergsteigen, wo die kleinste Unaufmerksamkeit fatale Folgen haben kann. Meist jedoch ist es im Leben wichtiger, die Konzentration auf die Gesamtheit einer Sache zu lenken. Erfolgsintelligente Menschen besitzen die Fähigkeit, zwischen den wichtigen und unwichtigen Dingen im Leben zu differenzieren, und konzentrieren sich auf das, was sie tatsächlich ihren Zielen näher bringt.

Ein vernünftiges Maß an Selbstvertrauen und der Glaube an die eigenen Fähigkeiten

Das menschliche Selbstwertgefühl wird im Alltag nicht selten durch härteste Rückschläge stark angeschlagen; Selbstzweifel sind die unausweichlichen Folgen. Diese Zweifel sind durch fehlendes Selbstvertrauen oft unverhältnismäßig groß. Aber auch ein Zuviel davon kann schädlich sein, da es zu Selbstüberschätzung und zwangsläufig zu Enttäuschungen führt. Erfolgsintelligente Menschen kennen ihre Qualitäten und glauben an ihre Fähigkeiten, ohne dabei das richtige Maß der Selbsteinschätzung aus den Augen zu verlieren.

Eine ausgewogene analytische, kreative und praktische Denkweise

Verschiedene Situationen im Leben erfordern unterschiedliche Denkansätze zur Bewältigung der gestellten Aufgaben: manchmal ist eine analytische, manchmal eine kreative Herangehensweise notwendig, genauso wie eine praxisorientierte Denkweise bei einigen Aspekten am besten ist. Menschen mit Erfolgsintelligenz besitzen nicht nur analytische, kreative und praktische Denkfähigkeiten, sondern wissen darüber hinaus, in welcher Situation die richtige Art des Denkens gefordert ist. Dadurch sind sie in der Lage, Anforderungen besser gerecht zu werden. [11]

Auflösung des Tests »66 Persönlichkeitsentscheidungen«

Nun zur Auflösung des Persönlichkeitstests (S. 20 ff.):

Dazu die folgende Aufstellung (Angabe der Persönlichkeitsmerkmale sowie der Punktzahlen für die a / b / c-Ankreuzungen):

		Punktwertung		
Item	Persönlichkeitsmerkmal	a	b	c
1	Kontakt	2	1	0
2	Leistung	0	1	2
3	Kontakt	2	1	0
4	Leistung	2	1	0
5	Durchsetzung	2	1	0
6	Vertrauen	2	1	0
7	Veränderung	2	1	0
8	Veränderung	2	1	0
9	Vertrauen	2	1	0
10	Durchsetzung	0	1	2
11	Leistung	2	1	0
12	Kontakt	2	1	0
13	Ausgeglichenheit	2	1	0
14	Kontakt	2	1	0
15	Leistung	0	1	2
16	Durchsetzung	0	1	2
17	Vertrauen	2	1	0
18	Veränderung	2	1	0
19	Vertrauen	0	1	2
20	Vertrauen	2	1	0
21	Durchsetzung	0	1	2
22	Durchsetzung	2	1	0
23	Leistung	0	1	2

Item	Persönlichkeitsmerkmal	Punktwertung a	b	c
24	Ausgeglichenheit	2	1	0
25	Ausgeglichenheit	0	1	2
26	Vertrauen	2	1	0
27	Veränderung	2	1	0
28	Vertrauen	2	1	0
29	Veränderung	2	1	0
30	Durchsetzung	0	1	2
31	Vertrauen	0	1	2
32	Leistung	2	1	0
33	Kontakt	0	1	2
34	Kontakt	0	1	2
35	Ausgeglichenheit	2	1	0
36	Ausgeglichenheit	0	1	2
37	Ausgeglichenheit	0	1	2
38	Kontakt	0	1	2
39	Kontakt	2	1	0
40	Leistung	2	1	0
41	Kontakt	2	1	0
42	Durchsetzung	0	1	2
43	Vertrauen	2	1	0
44	Leistung	0	1	2
45	Durchsetzung	2	1	0
46	Veränderung	2	1	0
47	Vertrauen	2	1	0
48	Durchsetzung	2	1	0
49	Veränderung	2	1	0
50	Veränderung	2	1	0
51	Leistung	0	1	2
52	Veränderung	2	1	0
53	Ausgeglichenheit	2	1	0
54	Kontakt	2	1	0
55	Ausgeglichenheit	0	1	2
56	Veränderung	0	1	2
57	Durchsetzung	0	1	2
58	Ausgeglichenheit	2	1	0
59	Leistung	0	1	2
60	Ausgeglichenheit	2	1	0
61	Ausgeglichenheit	0	1	2
62	Kontakt	2	1	0
63	Leistung	2	1	0

Item	Persönlichkeitsmerkmal	Punktwertung a	b	c
64	Durchsetzung	2	1	0
65	Vertrauen	2	1	0
66	Veränderung	0	1	2

Addieren Sie bitte die Punktwerte für Ihre Ankreuzungen pro Persönlichkeitsmerkmal (zu den Merkmalen 61-66 vgl. S. 156 oben):

Punkte	Punkte	Punkte
A Kontakt	B Leistung	C Durchsetzung
Item 1	Item 2	Item 5 ....
3	4	10 ....
12	11	16 ....
14	15	21 ....
33	23	22 ....
34	32	30 ....
38	40	42 ....
39	44	45 ....
41	51	48 ....
54	59	57 ....
Summe:	Summe:	Summe:

Punkte	Punkte	Punkte
D Vertrauen	E Ausgeglichenheit	F Veränderung
Item 6	Item 13	Item 7 ....
9	24	8 ....
17	25	18 ....
19	35	27 ....
20	36	29 ....
26	37	46 ....
28	53	49 ....
31	55	50 ....
43	58	52 ....
47	60	56 ....
Summe:	Summe:	Summe:

Tragen Sie jetzt bitte Ihre Punktwerte hier ein:

A Kontaktfähigkeit ....
B Leistungsbereitschaft ....
C Durchsetzungsvermögen ....
D Vertrauensbereitschaft ....
E Ausgeglichenheit ....
F Veränderungsbereitschaft ....

Sie müssen pro Persönlichkeitsmerkmal jeweils einen Punktwert zwischen 0 und 20 erreicht haben. Tragen Sie jetzt bitte Ihre Punktwerte für die Themenbereiche A-F auf der nachstehenden Tabelle ein, und verbinden Sie die Punkte durch eine Linie:

	0 1 2 3 4 5 6 7 8 9 10 11 12 13 14 15 16 17 18 19 20	
A Kontaktfähigkeit		Kontaktunfähigkeit
B Leistungsbereitschaft		Leistungsvermeidung
C Durchsetzungsvermögen		Unterordnungsbereitschaft
D Vertrauensbereitschaft		Mißtrauensbereitschaft
E Ausgeglichenheit		Unausgeglichenheit
F Veränderungsbereitschaft		Sicherheitsdenken

Wie sieht Ihre »Persönlichkeits-Linie« aus? Ein Blitz, mit extremen Zacken (nahe an 0 oder 20), eine Diagonale wie im Firmenzeichen der Deutschen Bank, eine Senkrechte in der Mitte (10) oder mehr rechts bzw. links davon?

Die Form Ihrer Linie – man kann auch von einem (Persönlichkeits-)Profil sprechen – hat eine Bedeutung. Wie bzw. was hier aus dem Verlauf der Linie herausgelesen wird, wollen wir Ihnen jetzt demonstrieren:

Es wäre denkbar, daß Sie z. B. beim Persönlichkeitsmerkmal A Kontakt 20 Punkte haben, was zum Ausdruck bringen würde: Sie sind – vorsichtig formuliert – ein sehr kontaktscheuer, ein kontaktvermeidender Mensch. Das andere Extrem wäre ein Punktwert von 0, der für eine extrem hohe Kontaktbereitschaft spräche. Beide Extremwerte sind sicherlich selten. Sie sollen aber verdeutlichen, daß der Persönlichkeitsbereich »Kontaktfähigkeit« aus zwei gegenüberliegenden Positionen auf einer Achse bzw. Skala besteht (vereinfacht: vergleichbar der Ost-West-Achse auf einem Kompaß). Es geht um die extremen Pole »heiß« und »kalt« und alles, was an Abstufungen dazwischen denkbar ist.

Wie kommt der Punktwert auf der Skala »Kontaktfähigkeit« zustande? Für eine Ankreuzung, die für Kontaktfähigkeit spricht, haben Sie 0 Punkte erhalten, für eine Antwort in Richtung Kontaktvermeidung 2 Punkte, für eine mittlere Position (teils-teils) 1 Punkt. 10 Items zum Thema »Kontakt« ergeben den von Ihnen oben addierten Gesamtpunktwert.

Diese Vorgehens-, Aufbau- und Auswertungsweise trifft für alle aus gegensätzlichen Positionen aufgebauten Persönlichkeitsmerkmale zu:

A Kontakt: Kontaktfähigkeit – Kontaktunfähigkeit
B Leistung: Leistungsbereitschaft – Leistungsvermeidung/-unwilligkeit
C Durchsetzung: Durchsetzungsvermögen – Unterordnungsbereitschaft
D Vertrauen: Vertrauensbereitschaft – Mißtrauensbereitschaft
E Ausgeglichenheit: Ausgeglichenheit – Unausgeglichenheit
F Veränderung: Veränderungsbereitschaft – Sicherheitsdenken

Sie merken schon, daß die auf den ersten Blick relativ wertfreien Themen- bzw. Persönlichkeitsmerkmale zunehmend mit Inhalt gefüllt werden und ein Charakterbild ermöglichen, wenn auch im Sinne einer etwas groben »Schwarz-Weiß-Malerei«.

Klingt der Themenbereich A »Kontakt« noch recht harmlos, gilt das für die beiden Pole »kontaktfähig« gegenüber »kontakt-unfähig« nicht mehr. »Kontaktfähig« bedeutet im Extrem (Punktwert: 0 oder 1) eine hochgradige, übertriebene Kontaktsucht oder -gier, »Kontaktunfähigkeit« (20 oder 19 Punkte) eine Kontaktstörung, für die die Charakterisierung »kontaktscheu« noch eine Untertreibung darstellen würde.

Die mittleren Werte 7-13 (in der genauen Mitte 10 bzw. 9 und 11) zeigen eine unauffällige, neutrale Position auf der Skala zwischen »heiß« und »kalt« (kontaktbesessen – kontaktgestört). Hätten Sie bei den Entscheidungsfragen zum Themenbereich »Kontakt« immer die ausgewogene Mitte (b = teils-teils etc.) angekreuzt, wäre die Punktzahl 10 das Ergebnis.

Die Punktwerte 12 und 13 geben ebenso wie 8 und 7 eine Tendenz an – im Sinne einer Ausprägung in Richtung weniger oder stärker kontaktorientiert.

6 und 5, auf der anderen Seite 14 und 15 zeigen noch deutlicher, in welche Richtung Ihre Persönlichkeit in Sachen Kontaktverhalten »ausschlägt«.

4 und 3 als Punktwerte einerseits bzw. 16 und 17 andererseits sind in diesem Persönlichkeitstest sehr deutliche Hinweise auf die Art Ihres Kontaktverhaltens (bis hin zum extremen Rand: 2 bzw. 18).

Schauen wir uns jetzt einmal inhaltlich an, wie sich ein extrem kontaktbetonter Mensch im Test beschreibt: Er arbeitet bevorzugt als Manager im Hotel, Lehrer oder Kellner (Items 1, 34, 38), grundsätzlich jedenfalls eher mit Menschen als mit Zahlen (3) und kennt somit keine Einsamkeitsgefühle (12); er unterhält sich lieber mit als zu lesen (14, 33); klar, daß dieser Mensch und Testankreuzer sich mehr für die Personalabteilung als für den Maschinenpark interessiert (39) und lieber telefoniert als Briefe schreibt (41).

Wer sich als dermaßen kontaktorientiert beschreibt, sammelt 20 Punkte und riskiert damit (bereits aber auch bei 19 Punkten) die eben erwähnte Charakterisierung als »hochgradig kontaktsüchtig«.

Nun das andere Extrem: Der kontaktvermeidende Mensch arbeitet bevorzugt als Förster, Koch oder Chemiker (34, 38, 1), in jedem Fall lieber mit Zahlen als mit Menschen (3); in einem Unternehmen möchte er eher für den Maschinenpark als für das Personal verantwortlich sein (39); es macht ihm keinen Spaß, mit Leuten zu reden (33), er ist lieber mit einem guten Buch (14) allein für sich (60), kennt Einsamkeitsgefühle (12), und in schwierigen Situationen schreibt er lieber als zu telefonieren (41).

Klar – wer alle diese Items ankreuzt (0 Punkte), stellt sich als völlig kontaktuninteressiert, im Psycho-Klartext gesprochen: als extrem kontaktgestört dar (gilt auch für das Ergebnis 1 Punkt).

Überblick

Das Persönlichkeitsmerkmal A »Kontakt« bedeutet
Kontaktfähigkeit – Kontaktunfähigkeit
in den extremen Punktwerten:
Kontaktbesessenheit gegenüber schwerer Kontaktstörung.

Das Persönlichkeitsmerkmal B »Leistung« bedeutet
Leistungsbereitschaft – Leistungsvermeidung
in den extremen Punktwerten:
absolute Leistungsorientierung gegenüber Leistungsverweigerung

➤ übermotiviert sein	➤ Drückebergerei
➤ mehr wollen als können	➤ Faulheit

Das Persönlichkeitsmerkmal C »Durchsetzung« bedeutet
Durchsetzungsvermögen – Unterordnungsbereitschaft
in den extremen Punktwerten:
starkes Dominanzstreben gegenüber ausgeprägter Gefügigkeit

➤ Selbstbehauptung, Selbstbewußtsein	➤ Anpassungsbereitschaft

- Egoismus, Unnachgiebigkeit
- Unterwürfigkeit Kriecherei

Das Persönlichkeitsmerkmal D »Vertrauen« bedeutet
Vertrauensbereitschaft – Mißtrauensbereitschaft
in den extremen Punktwerten:
Vertrauensseligkeit gegenüber mißtrauischem Argwohn

- Vertrauensduselei
- dümmliche Naivität
- kritische Skepsis
- Nörgelsucht

Das Persönlichkeitsmerkmal E »Ausgeglichenheit« bedeutet
Ausgeglichenheit – Unausgeglichenheit
in den extremen Punktwerten:
extreme Dickfelligkeit gegenüber psychischer Gestörtheit

- kühle Robustheit
- seelische Unberührbarkeit
- extreme Stimmungsschwankungen
- »hysterische« Charakterzüge

Das Persönlichkeitsmerkmal F »Veränderung« bedeutet
Veränderungsbereitschaft – Sicherheitsdenken
in den extremen Punktwerten:
hohe Risikobereitschaft gegenüber starrem Konservativismus

- Radikalismus
- revolutionäre Tendenzen
- keine Flexibilität
- absolute Starrheit

Kurzinterpretation

A »Kontakt«

0-1 Punkt:
Was ist mit Ihnen los? Sie stürzen sich ja auf alles, was sich bewegt, so kontaktbesessen sind Sie. Stimmt das wirklich? Können Sie nicht mal fünf Minuten für sich alleine sein?

2-4 Punkte:
Sie sind sehr, sehr kontaktfreudig. Das macht Sie vielen Leuten sympathisch, manche reagieren aber auch mit deutlicher Zurückhaltung darauf. Bei denen kommen Sie trotz aller Bemühungen nicht besonders gut an.

5-7 Punkte:
Sie sind ein aufgeschlossener und überzeugend kontaktfreudiger, sympathischer Mensch. Das spürt man, und so kommt man Ihnen gerne näher.

8-9 Punkte:
Sie sind kontaktfreudig, aber in Grenzen.

10 Punkte:
Bei Ihnen herrscht eine ausgewogene Balance. Sie mögen die Kontaktaufnahme mit anderen, wenn Ihnen der Sinn danach steht. Aber Sie sind auch gerne für sich.

11-12 Punkte:
Sie sind im Kontakt mit Ihren Mitmenschen ein wenig zurückhaltend. Warum auch nicht?

13-15 Punkte:
Sie sind eher abwartend, was das Anknüpfen von Kontakten betrifft. Vielleicht sind Sie nur einfach wählerisch und suchen sich Ihre Mitmenschen besonders gut aus. Oder haben Sie gewisse Hemmungen, auf andere zuzugehen?

16-18 Punkte:
Sie sind deutlich kontaktscheu. Aus diesem Grund wirken Sie eher kühl bzw. reserviert. Woher kommt Ihre Angst vor Menschen?

19-20 Punkte:
Was ist mit Ihnen los? Sind Sie eine im eigenen Haus gefangene Schnecke? Lehnen Sie wirklich alle Kontakte so rigoros ab, und möchten Sie nur für sich bleiben?

B »Leistung«

0-1 Punkt:
Sie sind ohne Rast und Ruhe, wie ein Löwe auf der Jagd, und wollen stets Größtes leisten. Gelingt Ihnen das wirklich, oder übernehmen Sie sich damit nicht ein wenig? Zählt bei Ihnen wirklich nur Leistung?

2-4 Punkte:
Sie sind stark leistungsorientiert. Ruhepausen sind nichts für Sie und Ihre Schaffenskraft. Ziele, die Sie sich vornehmen, verwirklichen Sie in der Regel – koste es, was es wolle.

5-7 Punkte:
Sie leisten etwas und fühlen sich dabei wohl. Leistung macht Ihnen einfach Spaß. Sie scheuen keine Aufgabe.

8-9 Punkte:
Leistung ist für Sie kein Fremdwort. Man kann sich diesbezüglich auf Sie verlassen.

10 Punkte:
Sie zeigen eine ausgewogene Leistungsbalance. »Nicht zuviel und nicht zuwenig« könnte Ihr Motto sein.

11-12 Punkte:
Bevor Sie darauf losarbeiten, überlegen Sie zunächst, wie Sie sich die anstehende Aufgabe erleichtern könnten.

13-15 Punkte:
Sie stehen Leistungsanforderungen kritisch gegenüber. Bevor Sie sich anstrengen, wollen Sie erst mal wissen, wofür und ob sich die Mühe denn auch wirklich lohnt.

16-18 Punkte:
Die Arbeit wurde für Sie nicht unbedingt erfunden. Wenn es nicht sein muß, kommen Sie bestens ohne aus. Leistungsvermeidung ist das Stichwort.

19-20 Punkte:
Sie stellen sich als ausgesprochen faul dar. Stimmt das denn so, sind Sie wirklich ein Leistungsverweigerer und rechter Tunichtgut? Gibt es wirklich rein gar nichts, was Sie anspornen kann?

C »Durchsetzung«

0-1 Punkt:
So manch einer hält Sie für einen unnachgiebigen Egoisten, der sich um jeden Preis durchsetzen muß. Sehen Sie sich auch so machtbesessen?

2-4 Punkte:
Sie scheinen ausgesprochen willensstark zu sein. Deshalb bestimmen Sie gerne und fast immer, wo es langgeht. Sie sind ein »Leader«-Typ.

5-7 Punkte:
Sie wissen, was Sie wollen und wie Sie das kriegen. Sie lassen sich die Butter nicht vom Brot nehmen.

8-9 Punkte:
Wenn Sie etwas Wichtiges für sich wollen, schaffen Sie es meistens auch. Sie wissen recht gut, wie Sie Ihre Vorhaben durchsetzen können.

10 Punkte:
Sie können sich einfügen oder führen – je nach Situation. Dabei haben Sie ein ausgewogenes Verhältnis zu Befehl und Gehorsam.

11-12 Punkte:
Sie sind gerne bereit, sich anzupassen, wenn es Sinn macht. Damit haben Sie keine Probleme und machen keine.
13-15 Punkte:
Anpassungs- und Einordnungsbereitschaft gehört zu Ihren starken Seiten. Dabei kommt Ihr Durchsetzungsvermögen logischerweise zu kurz. Schade.

16-18 Punkte:
Sie sind wirklich extrem anpassungswillig, häufig auf Kosten Ihrer eigenen Person. Ist Ihnen das bewußt?

19-20 Punkte:
Diese unterwürfige Anpassungsbereitschaft kann bis zur Kriecherei gehen. Haben Sie sich verrechnet?

D »Vertrauen«

0-1 Punkt:
Sie sind das ideale Opfer für jeden Trickbetrüger und fallen wegen Ihrer hochgradigen Vertrauensseligkeit wirklich auf alles rein.

2-4 Punkte:
Ein unerschütterliches Vertrauenspotential zeichnet Sie aus, und mit Ihrem Glauben an das Gute können Sie Berge versetzen.

5-7 Punkte:
Ihr Vertrauen hilft Ihnen und anderen. Das gibt und macht Mut.

8-9 Punkte:
In der Beziehung zu anderen Menschen sind Sie von einer positiven, vertrauensbereiten Grundstimmung getragen.

10 Punkte:
Vertrauen und Mißtrauen halten sich bei Ihnen die Waage.

11-12 Punkte:
Kein blindes Vertrauen, sondern eine gesunde Portion Skepsis beschreibt Ihre Grundhaltung.

13-15 Punkte:
Eine deutlich kritische Skepsis zeichnet Sie aus. Sicherlich haben Sie Ihre Erfahrungen gemacht.

16-18 Punkte:
»Vertrauen ist gut, Kontrolle ist besser«, lautet Ihre Devise. Diese Art von ständigem Mißtrauen steigert nicht gerade Ihre Beliebtheit bei anderen.

19-20 Punkte:
Sind Sie wirklich ein so mißtrauischer, argwöhnischer und nörgelnder Typ? Kaum zu glauben!

E »Ausgeglichenheit«

0-1 Punkt:
Sie sind wirklich »cool wie die Tagesschau«, nichts berührt Sie. Oder ist das alles nur »Mache«?

2-4 Punkte:
Sie haben ein dickes Fell, lassen sich nicht aufregen. Sie gehen mit einer ausgeprägten seelischen Robustheit durchs Leben.

5-7 Punkte:
Gelassenheit ist eine Ihrer wichtigsten Charaktereigenschaften. Sie behalten die Nerven, wenn andere ihre verlieren.
8-9 Punkte:
Eine gewisse innere Ruhe nennen Sie Ihr eigen. Es gibt viele Menschen, die Sie deshalb bewundern.

10 Punkte:
Zwischen Aufregung und Ruhe halten Sie die Balance.

11-12 Punkte:
Sie können mitfühlen, ohne den Boden unter den Füßen zu verlieren.

13-15 Punkte:
Sie geraten schon mal aus dem Gleichgewicht – auch bei kleineren Anlässen.

16-18 Punkte:
Sie wissen, was Stimmungsschwankungen bedeuten – Ihre Umwelt auch. Wünschen Sie sich nicht manchmal etwas mehr seelische Stabilität?

19-20 Punkte:
Wie ein Grashalm im Wind schwanken Sie von Krise zu Krise. Sind Sie wirklich ein solches Sensibelchen?

F »Veränderung«

0-1 Punkt:
Sie geben sich wirklich total revolutionär. Sind Sie wirklich so radikal, oder möchten Sie nur so erscheinen?

2-4 Punkte:
Sie nehmen jedes Risiko auf sich und zeigen extremen Mut zur Veränderung. Alles Bestehende wird kritisch hinterfragt.
5-7 Punkte:
Neuem stehen Sie aufgeschlossen und interessiert gegenüber.

8-9 Punkte:
Auf Veränderungen reagieren Sie mit Gelassenheit. Sie kommen schon klar.

10 Punkte:
Zwischen Verändern und Bewahren halten Sie die Balance.

11-12 Punkte:
Sie sind kein großer Freund von Veränderungen. Warum auch nicht?

13-15 Punkte:
Sie lieben das Bestehende und beklagen den Wandel. Aber immerhin kommen Sie mit der Realität noch klar.

16-18 Punkte:
Sie sind erzkonservativ. Haben Sie schon einmal an eine politische Karriere gedacht? Zu großes Risiko? Klar.

19-20 Punkte:
Sie wollen nun wirklich alles beim alten belassen und klammern sich an bestehende Verhältnisse, die möglicherweise längst passé sind. Stimmt das?

Lügenfallen

Bisher haben Sie sich mit den 60 Items beschäftigt, die als Auswertungsgrundlage dem Ziel dienten, Licht in Ihre Persönlichkeitsmerkmale »Kontakt«, »Leistung« usw. zu bringen.

Möglicherweise ist Ihnen aufgefallen, daß die letzten Items des Fragebogens (61-66) bisher noch nicht in die Auswertung einbezogen wurden. Dies wollen wir jetzt nachholen. Dabei handelt es sich um sogenannte »Lügenfragen«, womit die Persönlichkeits-Tester diejenigen Items bezeichnen, die der Überprüfung Ihrer persönlichen Glaubwürdigkeit dienen. Fangen wir an:

Da gibt es das Item 35 (aus der Persönlichkeitsdimension »Ausgeglichenheit«):

Bei mir läuft manches schief.

a) oft (2 Punkte)
b) manchmal (1 Punkt)
c) selten (0 Punkte)

Für welche Ankreuzung hatten Sie sich entschieden? Bitte vergleichen Sie jetzt dazu Ihre Ankreuzung bei Item 61:

Mir geht im Leben manches daneben.

a) selten (0 Punkte)
b) manchmal (1 Punkt)
c) oft (2 Punkte)

Im wesentlichen sind beide Aussagen gleich, und Sie sollten deshalb bei den Ankreuzungen keine große Abweichung in der Punktzahl haben. Das bedeutet: Wer in Item 35 2 Punkte hat, sollte auch in Item 61 2 Punkte (wenigstens aber 1 Punkt) haben. Eine etwaige Differenz notieren Sie sich bitte auf einem gesonderten Blatt.

Vergleichen Sie nun bitte Item 12 (aus dem Bereich »Kontakt«):

Ich fühle mich oft einsam.

a) stimmt (2 Punkte)
b) teils-teils (1 Punkt)
c) stimmt nicht (0 Punkte)

mit Item 62:

Oftmals leide ich unter einem Gefühl des Alleinseins.

a) stimmt (2 Punkte)
b) teils-teils (1 Punkt)
c) stimmt nicht (0 Punkte)

Auch hier ist wieder die etwaige Differenz in den Punktwerten zu ermitteln. Und es geht weiter:

Vergleichen Sie Item 4 (»Leistung«):

Karriere ist nicht alles im Leben.

a) stimmt (2 Punkte)
b) teils-teils (1 Punkt)
c) stimmt nicht (0 Punkte)

mit Item 63:

Der berufliche Aufstieg ist nicht das Wichtigste im Leben.

a) stimmt (2 Punkte)
b) teils-teils (1 Punkt)
c) stimmt nicht (0 Punkte)

und verfahren Sie wieder so wie oben beschrieben.

Vergleichen Sie Item 5 (»Durchsetzung«):

Ich vermeide es, mich mit Leuten rumzustreiten.

a) ja (2 Punkte)
b) manchmal (1 Punkt)
c) nein (0 Punkte)

mit Item 64:

Ich streite nicht gern mit anderen Menschen.

a) stimmt (2 Punkte)
b) teils-teils (1 Punkt)
c) stimmt nicht (0 Punkte)

und verfahren Sie so wie oben beschrieben.

Vergleichen Sie Item 26 (»Vertrauen«):

Es passiert mir häufiger, daß ich die Arbeit anderer kritisiere.

a) stimmt (2 Punkte)
b) teils-teils (1 Punkt)
c) stimmt nicht (0 Punkte)

mit Item 65:

Öfter kann ich an den Leistungen anderer kein gutes Haar lassen.

a) stimmt (2 Punkte)
b) teils-teils (1 Punkt)
c) stimmt nicht (0 Punkte)

und verfahren Sie so wie oben beschrieben.

Vergleichen Sie Item 7 (»Veränderung«):

In unserer Wirtschaftsordnung sollte im Prinzip alles so bleiben, wie es ist.

a) stimmt (2 Punkte)
b) teils-teils (1 Punkt)
c) stimmt nicht (0 Punkte)

mit Item 66:

Am System der sozialen Marktwirtschaft gibt es viel zu reformieren.

a) stimmt (0 Punkte)
b) teils-teils (1 Punkt)
c) stimmt nicht (2 Punkte)

und verfahren Sie so wie oben beschrieben.

Sie haben jetzt bei den sechs Item-Paaren eine maximale Differenz von 12 Punkten ausrechnen können bzw. – wenn Sie immer gleich geantwortet haben – 0 Punkte. Tragen Sie Ihren Punktwert auf der nachstehenden Skala (der sogenannten »Lügenskala«) ein:

Überein-	0	1	2	3	4	5	6	7	8	9	10	11	12	Abweichung
stimmung	...	...	...	...	...	...	...	...	...	...	...	...	...	

Sollte Ihr Abweichungswert bis zu 4 betragen, würde man Ihnen in der Testinterpretation noch eine relativ hohe »Wahrheitstendenz in Ihrem Antwortverhalten« bescheinigen. Bei mehr als 6 Punkten ist die »Ehrlichkeit« beim Bearbeiten des Tests in Frage zu stellen, so daß eine Interpretation eigentlich fragwürdig ist.

Quellenverzeichnis

1) Vgl. Peter Bellgardt, *Rechtsprobleme des Bewerbergesprächs*, Heidelberg 1984, S. 39
2) W. H. Urban, *Draw-a-person Catalogue*, Los Angeles 1968
3) C. H. Swensen, »Empirical Handbook of Human Figure Drawings«, in B. Murstein, *Handbook of Projektive Techniques*, New York 1965, S. 609-650
4) Nach C. Biedma, P. d'Alphonso, *Die Sprache der Zeichnung*, Bern 1959
5) W. Revers, K. Taeuber, *Der Thematische Apperzeptionstest*, Bern 1968, S. 58
6) *Third Mental Measurement Yearbook*, New Brunswick 1949, S.103
7) W. Jeserich, *Mitarbeiter auswählen und fördern*, München/Wien 1981, S. 33
8) H. Schuler, »Assessment Center als Auswahl und Entwicklungsinstrument: Einleitung und Überblick«, in H. Schuler, W. Stehle, *Assessment Center als Methode der Personalentwicklung*, Stuttgart 1987, S. 2
9) R. B. Catell, *Objective Personality and Motivation Tests*, Chicago 1967, S. 2 (aus Susanne v. Paczensky, *Der Testknacker*, Hamburg 1976, S. 102/103)
10) Siegfried Brockert, *Das EQ-Testbuch – Wie groß ist Ihre emotionale Intelligenz?*, München 1996
11) Nach *Successful Intelligence* von Robert J. Sternberg, in Anlehnung an einen Artikel aus *Psychologie Heute*, 3/1998, S. 20-29